Orte

Unorte

und ein Sechstausender

Langenhorner erzählen

Bibliografische Information der Deutschen Nationalbibliothek:
Die Deutsche Nationalbibliothek verzeichnet diese Publikation in
der Deutschen Nationalbibliografie; detaillierte bibliografische
Daten sind im Internet über http://dnb.dnb.de abrufbar.

Umschlaggestaltung + Layout: Birgit Wiedenmann-Naujoks
Autoren: Wolfgang Peper, Renate Blobel, Kurt Rohde, Birgit
Wiedenmann-Naujoks, Florian Lüdemann, Moritz Lüdemann,
Susanne Rohde, Ursula Weise, Margot Lühr, Fritz-Uwe Kilian,
Wolfgang Trautmann.

Die Namen der Personen wurden teilweise durch Pseudonyme
ersetzt.

Herstellung und Verlag: BoD – Books on Demand, Norderstedt

ISBN: 9783748131717

In memoriam

Herta B.

Inhalt

Vorwort

Liebe Leserinnen und Leser,

„Wir sollen heiter Raum um Raum durchschreiten,
an keinem wie an einer Heimat hängen…"
dichtet Hermann Hesse in seinem Gedicht „Stufen".

Und doch - Orte, Plätze und Wege prägen unser Leben: Kennen wir nicht alle Lieblingsorte, mit denen wir schöne Erinnerungen verbinden und zu denen wir oft und gern wiederkehren? Oder Orte, die uns durch dort Erlebtes abschrecken und die wir meiden möchten?

Die Mitglieder der Biographiegruppe haben hierzu Texte verfasst und dabei nicht nur die für Hamburg so prägende Elbe oder Alster einbezogen. So ist eine Vielzahl an Geschichten zusammengekommen. Eine Autorin unserer Gruppe hat zum Beispiel durch Ihre Arbeit die Geschichte des Grindelviertels kennengelernt. Wie nimmt ein Marathonläufer seine Umgebung wahr in der Mischung aus Selbstzweifeln und Glückshormonen, und was sagt die Partnerin dazu? Warum ist Altonas Missundestraße von Bedeutung? Was ist sie im Vergleich zu einer Kilimandscharo-Besteigung auf beinahe 6000 Metern Höhe mit Tiergeräuschen, Sauerstoffmangel und gleißendem Gletscherlicht?

Andere Autoren beschreiben schlimme persönliche Erfahrungen oder blicken auf dunkle Zeiten der deutschen Geschichte. Was die Kirchengemeinden in Langenhorn vom Euthanasie-Programm an Kindern in der NS-Zeit wissen konnten, untersuchten zwei für Ihre Arbeit ausgezeichnete Schüler der Fritz-

Schuhmacher-Schule. Und Margot Löhr, die sich mit vielen Stolperstein-Biographien beschäftigt hat, skizziert die Lebensgeschichte des jüdischen Ehepaares Oppens, das aus unserem Stadtteil in jener Zeit deportiert wurde: Zur Erinnerung wurden auch für sie Stolpersteine am Ochsenzoll gesetzt. Diesen drei Gästen danken wir besonders für die Erlaubnis, ihre Arbeiten zu veröffentlichen.

Einzelne Beiträge beruhen auf Interviews von Zeitzeugen; wir danken mit diesem Band den erzählbereiten Interviewpartnern herzlich.

Ihnen, liebe Leserinnen und Leser, wünschen wir eine spannende Lektüre!

Wolfgang Peper

Amrum — mein Zufluchtsort

von Renate Blobel im Herbst 2017

Hinauf, hinauf auf die hohe Düne, barfuß den Sand greifend, mich abfedernd aus den Fußspuren von Vorgängern, kühl der Sand im Schatten rechts und links und endlich — mit klopfendem Herzen die Höhe erreichend – ach, wie gut, „mein Platz" ist frei und unberührt, niemand wird mich stören. Ich setze mich an den Rand des Strandhafers, schaue hinab auf den tief gelegenen, unendlich breiten Strand, den fernen Wassersaum, an dem wenige Menschen wie winzige Wesen entlang gehen. Es ist früher Abend, die Sonne hängt tief und glühend über dem Meer. Ich wische mit der Hand über den Dünensand, verschaffe mir so eine glatte Fläche, die ich als „Schreibtafel" benutzen kann. Ich schreibe mit dem Finger meine Initialen und die meines verstorbenen Mannes in den Sand, zeichne ein großes Herz drum herum. Der Wind weht sanft darüber hin, die Konturen werden schwächer. Ich breche mir einen Halm vom Strandhafer und zeichne die Konturen nach und der Wind weht sanft darüber hin.

Amrum — mein Zufluchtsort? Ja, seit 5 Jahren mein Zufluchtsort. Hier sind mein Mann und ich nie gewesen, hier gibt es für mich kein „Ach-weißt-Du-noch?" und kein „Wie-herrlich-war-das-immer!" und auch kein „Wie-traurig-ist-alles-jetzt" - hier fühle ich mich stark an Körper und Seele, liebe den Sturm, das Geräusch des Meeres, die Ruhe in den Orten und Wäldern.

Ich breche mir einen Halm vom Strandhafer und zeichne eine großes Herz in den Sand und der Wind weht sanft darüber hin...

Flutlicht auf das Elend
von Kurt Rohde im Frühjahr 2017

Es ist Mittwoch, der 26. April 1961. Ich bin gerade 12 Jahre alt geworden und auf dem Weg zum Volksparkstadion. Erreichte ich das Stadion mit öffentlichen Verkehrsmitteln oder gab es durch den Vater eines Freundes eine Mitfahrgelegenheit? Ich weiß es heute nicht mehr. Aber ich weiß noch ganz genau, was ungefähr drei Stunden nach dem Eintreffen im Volksparkstadion zehn Meter von mir entfernt auf dem Rasen des Fußballfeldes passierte. Aber der Reihe nach.

Ich war auf dem Weg ins Stadion, weil die 4. D-Jugend des HSV die Balljungen stellte. Die Balljungen zum Europapokalspiel des HSV gegen den FC Barcelona. Kein gewöhnliches Spiel – der HSV spielte normalerweise noch am Rothenbaum. Aber zu Spielen mit großer Zuschauerbeteiligung zog man um in den Volkspark. Und Zuschauermassen wurden erwartet und strömten dann auch an diesem Mittwochnachmittag ins Stadion. 75.000 Fußballfans, so viele wie bisher noch nie gekommen waren und danach auch nie wieder kamen. Im Hamburger Hafen wurde die Arbeit schon am frühen Nachmittag beendet – eine Woche vorher beim Spiel in Barcelona, das der HSV nur 0:1 verloren hatte, hatten die Werftarbeiter der Kieler Howaldtswerft es vorgemacht. Die Spannung in Hamburg in der Woche vor dem Spiel stieg, denn die Hamburger träumten vom größten Erfolg in der Geschichte des HSV. Es war das zweite Halbfinalspiel im Europapokal der Landesmeister. Der HSV war als Deutscher Meister sensationell bis in dieses Halbfinale vorgedrungen und stand nur noch ein Spiel vor dem Finaleinzug.

In einer der Umkleidekabinen unter der Tribüne bekamen wir Balljungen die letzten Instruktionen. Falls der Spielball ins Aus geriet, gab es am Spielfeldrand keine weiteren Spielbälle, wie heute üblich, der einzige Spielball musste geholt und einem einwurfbereiten Spieler zugeworfen oder –gerollt werden. Schnelligkeit für uns Balljungen war wichtig, damit die Spielunterbrechungen kurz blieben. Wir wurden für den Spielfeldrand eingeteilt. Ca. alle 20 Meter stand ein Balljunge. Eine halbe Stunde vor Spielbeginn zog unser Trupp los. Einmal um das Spielfeld herum. Alle 20 Meter blieb einer von uns zurück. Ich wurde in der Ostkurve hinter dem Tor platziert.

Vor mir nahmen die Spanier Aufstellung. Ich kannte vor allem die Stürmer von Barcelona: Evaristo, Suarez, Kubala und der Exilungar Sandor Kocsis. Der Anpfiff kam und das Mitfiebern und Zittern begann. Selten waren die HSV-er vor meinem Tor. Meist spielte sich das Geschehen auf der anderen Seite vor dem HSV-Tor ab. Aber das 0:0 hielt und je länger die erste Halbzeit lief, desto besser kamen Jürgen Werner, Jochen Meinke, Klaus Stürmer, Charly Dörfel und Uwe Seeler ins Spiel. Kein Tor vor der Pause. Wir Balljungen trafen uns vor der Tribüne und waren begeistert. Noch immer hatte der HSV die Chance, als Gewinner vom Platz zu gehen. Die Millionärstruppe aus Barcelona war nicht besser als unsere Hamburger Halbamateure, die im Vorfeld als Freizeitfußballer tituliert wurden. Die Massen auf der Tribüne und auf den Stehplatztraversen feuerten den HSV so enthusiastisch an, dass die Stimmen der wenigen spanischen Fans nicht mehr durchdringen konnten. Nach 15 Minuten Halbzeitpause nahmen wir unsere Plätze am Spielfeldrand wieder ein. Vor mir stand jetzt Horst Schnoor im Tor und die Verteidiger

Krug und Kubjuhn. Die Spielszenen vor dem gegenüberliegenden Tor der Spanier, 100 Meter entfernt, waren für mich nur zu erahnen. Aber der Lärm der Zuschauer zeigte es an. Der HSV war inzwischen überlegen. Und dann kam die 58. Minute in der Peter Wulf zum 1:0 trifft. Grenzenloser Jubel füllte das Volksparkstadion. Sollte die Sensation gelingen? Knapp 10 Minuten später trifft Uwe Seeler aus unmöglichem Winkel das Tor zum 2:0. Der HSV war im Finale des Europapokals. Die Sensation war perfekt. Mit den Balljungen links und rechts von mir konnte ich jubeln. Die Zuschauer auf der Tribüne standen auf, die Stehplatzbesucher hüpften. Das Stadion glich einem Tollhaus. Aber: noch waren fast 25 Minuten zu spielen – noch war leider nichts entschieden. Es begann das Zittern. Jeder Angriff der Spanier könnte den greifbaren Erfolg zunichtemachen. Immer, wenn Barcelona sich dem Hamburger Strafraum näherte, stieg die Spannung und Aufregung. Schlagt den Ball weg – immer wieder forderten die Zuschauer dieses Eingreifen der Abwehr. Je weiter entfernt vom HSV-Tor der Ball im Aus landete, desto besser. Und wir Balljungen hatten plötzlich jede Menge Zeit, bis wir den Ball zum Einwurf den Spaniern übergaben. Die Spielzeit rann endlos dahin. Endlich die 90. Minute – alle waren auf den Schlussjubel eingestimmt – da kam Barcelona noch einmal gefährlich vors Tor. Die Flanke von der Tribühnenseite segelte zehn Meter von mir entfernt in den Strafraum des HSV. Diese zehn Meter hätte ich locker in Windeseile mit einem Sprint überbrücken können, um dann für Verwirrung auf dem Spielfeld zu sorgen, damit die Spanier aus diesem Ball kein Kapital mehr schlagen könnten. Hätte – ich tat es nicht. Stattdessen landete der Ball auf dem Kopf von Goldköpfchen Kocsis und von dort flog er direkt vor mir ins Tor. 2:1 und es war vorbei mit dem Einzug ins Finale. Schnoor holte den Ball aus dem Tornetz. Hatte er Tränen in den Augen? – ich konnte es nicht erkennen, aber mir erging es so. Und mit mir hatten 75.000 Zuschauer Tränen in den Augen. Der Ball gelangte von Schnoor zum Mittelanstoß, Schiedsrichter Versyp aus Belgien pfiff an und gleich wieder ab. Das Spiel war aus. Der HSV hatte gewonnen, war aber nicht der Sieger, Barcelona hatte verloren, fühlte sich aber in letzter Sekunde siegreich. Das bei Torgleichheit aus zwei Spielen notwendige Entscheidungsspiel in Brüssel gewannen die Spanier mit 1:0 und gelangten ins Endspiel.

Die HSV-er wurden dann doch noch mit viel Beifall von den Zuschauerrängen verabschiedet. Aber Uwe Seeler und Co standen enttäuscht und tieftraurig in der Spielfeldmitte. Und dann wurde das neuerbaute Flutlicht im Hamburger Volksparkstadion das erste Mal angeschaltet. Was einen Jubel hätte auslösen können, beleuchtete jetzt den bittersten Sieg einer HSV-Mannschaft. Das war zu viel der Emotionen für alle Balljungen. Was ein Fest hätte werden können, wurde nun über Jahre ein Alptraum. „Weißt du noch, am 26. April das Spiel gegen Barcelona…" Und ich hätte das Gegentor der Spanier verhindern können. Zehn Meter bis zum Ball – 3 Sekunden Sprint und dann Verwirrung im Strafraum verursachen – Hamburg wäre noch immer stolz auf mich!

Kneipenbummel
von Birgit Wiedenmann-Naujoks im Herbst 2017

Es ist ein sonniger Spätnachmittag. Aus der Küche duftet bereits das Abendessen, als es an der Tür klingelt. Ein junger, adrett angezogener Mann steht vor mir und fragt in gehobenem Englisch nach der Dame des Hauses. Die erhebt sich mühsam aus ihrem Stammsessel und geht sehr vorsichtig zur Tür, leidet sie doch an "Luftangst". Der junge Mann beeindruckt sie aber, so dass sie ihre fällige Panikattacke für einen Moment vergisst.

Der positive Eindruck soll aber schnell einer tiefen Enttäuschung weichen, der junge Mann kommt nämlich als Gesandter seines Freundes. In dessen Auftrag soll er die Dame des Hauses um Erlaubnis fragen, ob der Freund am Wochenende "das deutsche Mädchen" ausführen dürfe. Dabei sitzt die eigene Tochter, schüchtern, verklemmt, aber schon Anfang zwanzig, noch immer als Mauerblümchen im Wohnzimmer. Warum nur galt die Anfrage nicht ihr?

Ein wenig verwirrt, aber geschmeichelt, stehe ich also am Sonnabend zur verabredeten Zeit im Flur. Pünktlich klingelt es und der "Sekundant" und sein Freund holen mich ab, nicht ohne sich bei der Dame des Hauses noch einmal vorzustellen. Wir gehen in einen recht vornehmen Club, wo weitere Freunde warten, darunter auch andere Mädchen, die ich aus dem College kenne. Unser Grüppchen wächst auf acht Leute. Wir planen den weiteren Abend - Billard, etwas tanzen, ein Bier trinken?

Wir lachen viel über stümperhafte Handhabung des Queues, knapp verpasste Chancen, die Stimmung ist ausgelassen und fröhlich. Wir ziehen weiter, in einer etwas entfernten Straße soll man wunderbar tanzen können. Als wir um eine Straßenecke biegen, verstummt aber jäh unser Lachen, wir haben das Gefühl, zu träumen. Die Straße ist nur noch spärlichst beleuchtet, weil die Laternen fast alle zerstört sind. Straße und Gehsteige sind bis auf uns menschenleer, dafür aber mit nicht definierbarem Etwas und unzähligen Pflastersteinen übersät. Am Ende der Straße steht, gespenstisch und furchteinflößend, das Gerippe eines ehemals roten Doppeldeckerbusses. Über der ganzen Szenerie liegt eine erdrückende Stille, so dass wir unseren Atem und unsere pochenden Herzen hören können. Endlich entdecken wir einen Bobby. Er erklärt uns, dass Fußballfans versehentlich falsch durch die Stadt gelenkt worden und dann eben entgegen allen Plänen doch aufeinandergeprallt seien. Das hier sei das Ergebnis des Zusammenstoßes zweier rivalisierender Fangruppen.

Wir erkundigen uns ganz genau, in welche Richtung wir weitergehen können, um sicher zu sein. Zielstrebig versuchen wir, die apokalyptische Situation zu verlassen. Und tatsächlich, nur wenige Straßen weiter ist Ruhe und Frieden, Autos fahren, Menschen schlendern lachend durch die Nacht. Wir finden eine kleine Kellerbar, in der man sogar tanzen kann, sehr schick, sehr modern. Wir versuchen, den Alptraum, den wir gerade gesehen haben, zu verdrängen, zu vergessen.

Die Bar ist wunderschön, das Bier kühl und lecker, die Gäste allesamt sehr gut gekleidet, unsere Nerven beruhigen sich. Während ich die anmutigen Bewegungen einer jungen Frau auf der Tanzfläche

bewundere, sehe ich irgendetwas aus dem Augen-
winkel, was die Situation schlagartig verändert. Ab
jetzt schleicht das Leben in stark verminderter Zeitlupe
an mir vorbei. Die Frau hinter der Bar, die mir wenige
Minuten zuvor das frisch gezapfte Bier hingestellt hat,
sieht aus wie der berühmte "Schrei" von Munch. Sie
duckt sich, warum nur? Da fliegt doch etwas.... Ein
großer Barhocker zertrümmert erst das gläserne Regal
samt allen darauf stehenden Trinkgefäßen, dann den
dahinter hängenden riesigen Spiegel. Ganz, ganz
langsam zerplatzt der Spiegel, die Scherben schweben
zu Boden, dahinter wird die nüchtern-hässliche Mauer
sichtbar. Zeitgleich dringen wie durch eine gigantische
Wattewolke Geräusche an mein Ohr. Schreie... Laute
menschliche Schreie! Die Welt um mich herum scheint
zu explodieren! Während ich in slow motion meinen
Kopf wende, agiert ohne mein Zutun mein Körper. Ich
gleite vom Barhocker, ducke mich vor weiteren
Geschossen, mein Mund schreit. Dann stürme ich im
Zeitlupentempo unendlich langsam durch den nun
stockdunklen Raum mit Hunderten anderen dem
Ausgang entgegen. Durch diesen Ausgang drängen
schreiende Männer mit ungezügelten barbarischen
Kräften in den Raum, alle werfen oder schlagen und
treten, zerstören. Auch das alles unendlich langsam.
Eigentlich ist es beinahe zum Lachen. Dazu diese
verzerrte akustische Wahrnehmung.

Dennoch bin ich irgendwann draußen, habe irgendwie
die Treppe nach oben gemeistert, und stehe jetzt in
einem Alptraum. Ich stehe ... mitten im Krieg. Straßen-
laternen sind wohl nicht mehr existent, es ist dunkel,
die einzigen Lichtquellen sind brennende Gegenstände.
Es stinkt nach Feuer, nach Angst, nach Gewalt. Und es
gibt nur noch mich und den Rest der Welt. Alle Arten

von Geschossen fliegen durch die Luft, Flaschen, Steine, Knüppel - in mir erwachen Urinstinkte! Ich erahne Flugbahnen, suche Deckung, weiche Hieben, Menschen und fliegenden Feuerbällen aus, mein Sportlehrer wäre begeistert gewesen! Die Straße ist voll mit Menschen, die prügeln, Menschen, die schreiend zu fliehen versuchen. Und ich sehe Blut, so viel Blut, tropfend, spritzend, kleckernd, auf Gesichtern, an Händen, auf der Straße. Plötzlich taucht ein schlagstockschwingender Polizist mit Hund auf - schreit dem Hund etwas zu, der hechtet quer durch die quirlende Menge und...springt einem Mann auf den Rücken, beißt in seinen Nacken und bringt ihn zu Fall. Mein System reagiert blitzschnell und ändert die Taktik - Polizisten ist auch auszuweichen. Ab und zu reißt die Wattewolke auf und ich höre in Echtzeit kreischende Frauen, die dem Chaos in wilder Panik, auf Stöckelschuhen und in Abendkleidung, zu entkommen versuchen. Männer sind auch dabei, ihre Schreie vermischen sich aber besser mit dem anderen Getöse.

Nach Ewigkeiten, in denen ich kriechend, hockend, schleichend, rennend, nichts wahrnehme außer meinem eigenen Schutz, stehe ich atemlos und adrenalindurchtränkt mit allen anderen Freunden neben einem komplett zerstörten Auto. Wir empfinden das als kleines Wunder und fliehen ab jetzt als Gruppe durch die Nacht.

Während meine Gastmutter daheim wach liegt und mich innerlich verflucht - "...der junge Mann hatte doch so nett ausgesehen und das deutsche Mädchen hatte bislang auch ganz anständig gewirkt, was wäre da bloß der eigenen geliebten Tochter widerfahren, wenn die mit diesem Wüstling...es ist schon weit nach Mitternacht und sie sind noch immer nicht zurück, sowas hätte ich von dem Mädchen nicht gedacht..." - sitzen wir zitternd und erschöpft um den Küchentisch eines jungen Mannes aus unserer Gruppe, versuchen, uns gegenseitig zu trösten und das Erlebte irgendwie zu verarbeiten. Erst als die Sonne aufgeht und wir mit eigenen Augen sehen können, dass die Welt da draußen tatsächlich heil ist, trauen wir uns vollkommen übermüdet und tief verunsichert nach Hause, jeder für sich.

Noch heute sind für mich Räumen mit nur einem Eingang eine latente Bedrohung, in denen ich mich extrem unwohl fühle.

Euthanasie in der Heil- und Pflegeanstalt Hamburg Langenhorn
Gastbeitrag von Moritz und Florian Lüdemann, Klasse zehn*

Als wir das Thema des diesjährigen Geschichtswettbewerbes des Bundespräsidenten lasen, erinnerten wir uns an einen wenige Wochen zurückliegenden Besuch des Langenhorner Wasserturms auf dem ehemaligen Gelände des Klinikums Ochsenzoll im Rahmen des Tages des offenen Denkmals. Dort hatten wir erfahren, dass in einigen der kürzlich zu Wohnhäusern umgestalteten ehemaligen Klinikgebäuden zur Zeit der Naziherrschaft Versuche an Menschen und Tötungsprogramme vollzogen worden waren. Zu den wenigen Bewohnern des Hamburger Stadtteils Langenhorn, in dem das Klinikum liegt, die etwas über die Vorkommnisse der Jahre 1933-45 zu wissen schienen, gehörte laut Aussage der Denkmalbetreuer der Pastor unserer Kirchengemeinde.

Durch diese Brücke kamen wir auf das Thema unserer Arbeit. Welche Programme der Nationalsozialisten liefen in Ochsenzoll? Wie stand die Kirche als Institution des christlichen Glaubens zu diesen weltlichen Verbrechen? Was wissen unsere Mitbürger heute darüber?

Die Geschichte des Christentums ist seit dem Zeitpunkt, da es im antiken Rom zur Staatsreligion ernannt wurde, nicht nur eine religiöse, sondern auch eine politische mit vielen weltlichen Anteilen. Wegen des Ziels der Verbreitung und Ausweitung des

* (Tutorin: Dr. Silke Urbanski), entstanden im Rahmen des „Geschichtswettbewerb des Bundespräsidenten 2017" mit dem Thema „Gott und die Welt. Religion macht Geschichte"

christlichen Glaubens sind im Namen Gottes in den letzten 1700 Jahren viele Verbrechen begangen oder gutgeheißen worden. Den absoluten Tiefpunkt dürften aber die Jahre 1933-45 darstellen, in denen sich große Teile der katholischen und noch größere der evangelischen Kirche mit den nationalsozialistischen Herrschern arrangierten oder sie sogar unterstützen und so den Mord an Millionen Menschen mit zu verantworten haben. Ein Teil dieser ideologisch motivierten Verbrechen war das Euthanasieprogramm, das auch in der Heil- und Pflegeanstalt Langenhorn, dem späteren Klinikum Ochsenzoll durchgeführt wurde.

Wie konnte die Bewegung der Nationalsozialisten die deutsche Bevölkerung und die Kirchen dazu bringen, ihrer Ideologie „unwerten Lebens" und dessen „Ausmerzung" zu folgen? Wo liegen die Wurzeln dieser Ideologie? Waren auch Kinder und Jugendliche betroffen? Wer in der Kirche hat sich dagegen aufgelehnt?

Das hat uns in dieser Arbeit beschäftigt.

Euthanasie – Was ist das?
Herkunft des Wortes/der Idee

Das Wort Euthanasie kommt aus dem Griechischen von dem Wort „Euthanasia", welches ursprünglich „der gute Tod" oder „der schöne Tod" bedeutet.

Im antiken Griechenland wurde der Tod als gut oder schön angesehen, wenn es keinen langen Leidensweg des Verstorbenen gegeben hatte oder wenn der Tod relativ schnell eingetreten war. Es wurden zwei Arten des Todes unterschieden: der Tod, der an der Zeit ist, im Wesentlichen also, wenn der Tote schon sehr alt war, und der Tod, der jemanden frühzeitig aus dem Leben riss. Letzterer wurde mit dem Wort „Euthanasia" benannt.

Aus dem antiken Griechenland stammt der sogenannte „Hippokratische Eid", der es den Ärzten verbot, den Patienten tödliche Mittel zu verabreichen, um deren Leiden zu beenden. Auf Frauen, Kinder, Sklaven und Ausländer traf dieses Verbot jedoch höchstwahrscheinlich nicht zu, da diese nicht als Vollbürger zählten. Darüber wird aber immer noch unter Wissenschaftlern und Historikern gestritten[1].

Zum ersten Mal seit Beginn der Neuzeit war es 1605 Francis Bacon (1561-1626), der das Thema Euthanasie wieder aufgriff. In seinem Werk *Euthanasia medica* differenziert er, noch unter dem Einfluss der antiken Bedeutung, dass der Tod schmerzfrei und leicht sein soll, den Begriff Euthanasie in die "euthanasia interior", worunter er die Seelsorge im Hinblick auf den Tod versteht, und die "euthanasia exterior", für Bacon die Hilfe für einen kranken Menschen zu einem schmerzfreien Tod. Bacon nimmt damit offensichtlich auch eine Verkürzung des Lebens in Kauf.

Unter Karl Friedrich Heinrich Marx (1796-1877), einem Mediziner und Hochschullehrer in Göttingen, wurde die Euthanasie, die von Marx als ärztlicher Beistand für den Sterbenden und als, wenn nötig, medikamentöse Schmerzlinderung und somit als die moralische Pflicht des Arztes interpretiert wurde, erstmals in den ärztlichen Pflichtenkanon aufgenommen.

22

Mit Ende des 19. Jahrhunderts kam es dann zu einem grundlegenden Wandel des Begriffes "Euthanasie". Euthanasie wurde nun als eine Art Werkzeug gesehen, mit dem man versuchen wollte, eine "reine Rasse" zu "züchten", in dem man Kranke und Behinderte tötet. Als Anlass zu diesem Bedeutungswandel muss man die im Jahre 1859 erschienene Schrift "On the origin of species by means of natural selection or the preservation of favoured races in the struggle of life" des englischen Verhaltensforschers Charles Darwin sehen. In dieser beschreibt er, dass nur die Individuen, die am stärksten sind und sich am besten ihrer Umwelt anpassen können, im "Kampf ums Dasein", den er aufgrund seiner Beobachtungen als unvermeidlich ansah, bestehen und sich fortpflanzen könnten. Diese Theorie wurde dann von diversen Forschern auf den Menschen angewandt, sodass ohne aktives Zutun Darwins der sogenannte Sozialdarwinismus entstand.

Einer dieser Forscher war der deutsche Zoologe Ernst Haeckel (1834-1919). Er war der Auffassung, dass es neben der von Darwin beschriebenen natürlichen Auslese auch eine künstliche Auslese geben sollte und verwendete in diesem Zusammenhang zum ersten Mal den Begriff der Züchtung. Anhänger Haeckels und seiner "Einheitstheorie", dem Monismus, gründeten 1906 sogar den sogenannten "Monistenbund", in dem sie sich für die Legalisierung der Tötung auf Verlangen einsetzten.

Nach Haeckel folgte einer der wohl radikalsten Sozialdarwinisten, Alexander Tille. Seiner Meinung nach sollte man sogenannten "Schwachen" nur begrenzte Fortpflanzung ermöglichen und die "natürliche Auslese" durch die von ihm erstmals formulierte "Sozial-Euthanasie" forcieren, nach der man sozial "Schwache" auf die unterste soziale Stufe absinken lassen sollte, wodurch sie aufgrund der hohen Sterblichkeitsrate in dieser gesellschaftlichen Schicht eine geringere Lebenserwartung hätten.

Ab 1895 prägte dann der deutsche Arzt Alfred Ploetz (1860-1940) die Diskussion um die Euthanasie. Sein Ziel war es, durch "Züchtung", "Auslese" und "Ausmerze" eine "vollkommene Rasse" zu erschaffen. Aus diesem Grund gründete er 1905 die "Gesellschaft für Rassenhygiene", in der in ausschließlich zu diesem Zweck betriebenen Anstalten "Reinrassige" gezüchtet werden sollten.

Um 1920 gipfelte die Diskussion um die Euthanasie in der Veröffentlichung des Werkes „Die Freigabe der Vernichtung lebensunwerten Lebens. Ihr Maß und Ihre Form" von dem Juristen Karl Binding und dem Mediziner Alfred Hoche. In dieser Schrift schilderten Binding und Hoche, was sie von unter arterio-sklerotischen Veränderungen im Gehirn oder unter sogenannten „Hirnerweichungen" leidenden Menschen, von „verblödenden" Jugendlichen, von damals als „Vollidioten" bezeichneten Menschen und Kriegsversehrten hielten. Diese sollten der Meinung Bindings und Hoches nach „vernichtet" werden, da sie eine zu große Belastung für den Staat und die Bürger darstellen würden[2]. Motiviert wurden der Arzt und der Anwalt durch die Geschehnisse nach dem Ersten Weltkrieg. Für Binding und Hoche war die Tötung die Problemlösung für die Kriegsversehrten und Kranken, deren Leiden man aus ihrer Sicht beenden sollte, und für die "Lebensunwerten", bei denen sonst eine "unnötige Lebensverlängerung" stattfände. Außerdem argumentierten sie, dass durch die Tötung Kranker und Versehrter viele Kosten, die für deren Pflege anfallen würden, eingespart werden könnten, Geld, das das wirtschaftlich am Boden liegende Land dringend anderweitig gebrauchen könnte. Das Verständnis, das Binding und Hoche von der Euthanasie hatten und was sich über die Jahre zuvor aufgebaut hatte, widersprach somit dem griechischen Verständnis der Euthanasie, da für Binding und Hoche auch ein schmerzvoller Tod in Frage kam, der keine Erlösung im Sinne des Kranken darstellte, sondern Tötung aus wirtschaftlichen oder ideologischen Gründen.

Gerade diese veränderte Bedeutung des Begriffes "Euthanasie" , die Schrift "Die Freigabe der Vernichtung lebensunwerten Lebens. Ihr Maß und ihre Form.", sowie die Bezeichnung "Rassenhygiene" fand Einzug in die Ideologie der Nationalsozialisten und wurde später von ihnen zitiert, um die Handlungen im Rahmen ihrer Euthanasie-Programme zu legitimieren.

Verwendung für die nationalsozialistische Ideologie und Entstehung

Warum war die Euthanasie ein so wichtiger Bestandteil der nationalsozialistischen Ideologie und warum stellt sie so ein großes Projekt dar?

In der Ideologie der Nationalsozialisten war fest verankert, dass die verschiedenen Rassen, die es auf der Welt gibt, ums Überleben kämpfen müssten und dass es am Ende nur eine Rasse geben könnte, die die Welt beherrscht. Adolf Hitler formulierte diese Idee, von der er bis zum Ende des Krieges und somit seines Lebens fest überzeugt war, bereits 1924 in seiner Propagandaschrift "Mein Kampf". Seiner Meinung nach habe der "Schöpfer des Universums", womit er einen Bezug zu Gott herstellte, der nationalsozialistischen "Bewegung" die "Mission" erteilt, einen "germanischen Staat" zu schaffen. Zur Errichtung dieses "germanischen Staates" sollte ein neues "Menschentum" durch die deutsche Bevölkerung geschaffen werden. Dieses "Menschentum" stellte in Hitlers Augen die arisch-deutsche Rasse dar. Da Hitler der Auffassung war, dass in Zukunft nur eine Rasse, die "höchste Rasse", bestehen und als "Herrenrasse" über die Welt und ihre verschiedenen Völker herrschen könne, war es sein Ziel, die Deutschen zu einer "reinen Rasse" zu züchten und so zu jener "Herrenrasse" zu machen[3].

Aus der Idee, dass Deutschland, bzw. das deutsche Volk dazu bestimmt seien, die Welt zu regieren, resultierte laut der Germanistin Anja Lobenstein-Reichmann der nationale Chauvinismus und das Überlegenheitsgefühl der Nationalsozialisten[4].

Zudem war es Adolf Hitlers Ziel, das deutsche Volk nach dem verlorenen Ersten Weltkrieg wieder zu alter Stärke und altem Stolz zurückzuführen, nachdem die "Novemberverbrecher", mit denen die Sozial-demokraten gemeint waren, die deutschen Soldaten im Feld "erdolcht", dem "Schandvertrag von Versailles" zugestimmt und danach 13 Jahre lang regiert hätten. Die Niederlage im Ersten Weltkrieg war für Hitler wie einen großen Teil der Bevölkerung Ergebnis eines Verrats, wieder begangen von den Sozialdemokraten, die den Waffenstillstand von Compiègne unter-zeichneten hatten. Der auf die Kriegsniederlage folgende Versailler Friedensvertrag wurde als weitere große Niederlage und als Schande empfunden, denn in diesem war festgelegt, dass die Alleinschuld des Ersten

Weltkrieges auf Seiten der Deutschen liegt. Dieser Aspekt stellte für den noch immer nationalistisch eingestellten Teil der Deutschen eine schwer zu ertragende Demütigung dar, wie dieses Zitat beweist:

> "Es wird von uns verlangt, dass wir uns als die allein Schuldigen am Kriege bekennen; ein solches Bekenntnis wäre in meinem Munde eine Lüge. Wir sind fern davon, jede Verantwortung dafür, dass es zu diesem Weltkriege kam, von Deutschland abzuwälzen, aber wir bestreiten nachdrücklich, dass Deutschland, dessen Volk überzeugt war, einen Verteidigungskrieg zu führen, allein mit der Schuld belastet ist." (Historischer O-Ton) [5]

Noch dazu wurden an Deutschland hohe Entschädigungs- und Reparationsforderungen und ein Befehl zum Abrüsten bis hin zur Demontage kompletter Großindustriebetrieb gestellt. Dadurch sackte das Deutschland der Weimarer Republik in eine immer tiefere wirtschaftliche Krise, was Hitler wie andere Nationalisten dazu führte, gegen die Forderungen des Versailler Vertrages zu polemisieren und die Schuld für die Misere Deutschlands fremden Staaten und einer jüdischen Weltverschwörung zuzuschreiben. Hitlers Propaganda versprach, dass er diese Probleme lösen und das deutsche Volk wieder zu einstiger Stärke und einstigem Stolz zurückführen werde.

Beide dieser großen Punkte, das Erschaffen einer "Herrenrasse", die in Gottes Namen über die Welt und ihre Völker herrschen sollte, und das Einigen der Deutschen gegen die Forderungen des

Versailler Vertrages und den Verrat durch die Sozialdemokratie und Juden wurden begleitet von Propaganda gegen Randgruppen (z.B. Homosexuelle, Sinti und Roma), Slawen (Lebensraum im Osten) und auch chronisch Kranke. Psychologisch gesehen folgte er damit dem Muster, die eigene Schwäche durch Weitergabe des Drucks auf noch Schwächere zu relativieren und daraus das Gefühl von Stärke zu ziehen.

Während sich die Rassenreinheit leicht durch Abgrenzung gegenüber allen Nichtariern definieren ließ, traf die Idee der Rassenhygiene die Schwächsten der Gesellschaft, die chronisch Kranken und Behinderten. In der Welt der Nationalsozialisten mit den Ideen des „Übermenschen" (Nietzsche) und der „Herrenrasse" war für diese Schwächsten kein Platz.

Euthanasie allgemein im dritten Reich (Zahlen, Entwicklung, etc.)

Unmittelbar nach der Machtübernahme der Nationalsozialisten begann das Reichsinnenministerium im Rahmen des „Gesetzes zur Verhütung erbkranken Nachwuchses" vom 14. Juli 1933[6] mit der Erfassung von Patienten aller Heil- und Pflegeanstalten im Land, die entweder unter psychischen oder geistigen Erkrankungen wie Schwachsinn, Schizophrenie oder auch Epilepsie litten, mindestens fünf Jahre dauerhaft in der Anstalt lebten, als kriminell geisteskrank galten oder nicht deutscher oder arischer Abstammung waren. Hierbei ging es der Rassenreinheitsidee folgend zunächst nur um die Sterilisation der Patienten, die bis Kriegsende bei ungefähr 400.000 Menschen durchgeführt wurde. Aus Unterlagen des Hamburger Staatsarchivs geht hervor, dass am Anfang der Aktion noch das Einverständnis der Betroffenen oder im Falle ihrer Unmündigkeit das der Angehörigen eingeholt wurde. Später jedoch fanden die Sterilisationen zwangsweise statt.

Am 9. Oktober 1939 aber begann die Aktion T4. Der Name ist abgeleitet vom Hauptsitz des Programms in der Tiergartenstraße 4 in Berlin, wo sich die „Kanzlei des Führers" mit dem Leiter der Aktion T4 Philipp Bouhler befand. Auf Veranlassung von Bouhler wurden ab dem 9.10.1939 alle Versehrten mit Meldebögen erfasst. Als versehrt galten nunmehr nicht nur geistig Behinderte und Menschen mit psychischen Erkrankungen, sondern auch körperlich Behinderte. Der zuständige Arzt oder das Pflegepersonal mussten in diesen Meldebögen die Krankengeschichte, den Grad der Arbeitstauglichkeit, die Heilungsaussichten und die bisherige Dauer des Anstaltsaufenthaltes des Patienten wiedergeben. In vielen Fällen wussten die Ärzte oder das Pflegepersonal offenbar nicht, zu welchem Zweck sie das tun mussten.[7] Wenn Patienten abtransportiert wurden, dachte das befasste Personal anfangs oftmals noch, dass es sich um Verlegungsaktionen handelte.

Auf Grundlage der in den Meldebögen enthaltenen Informationen entschieden dann in Berlin damals renommierte Psychiater wie Werner Catel und oder Hans Heinze als Gutachter über Leben und Tod, mit einem einfachen roten Plus für Tötung oder einem blauen Minus für Überleben.[8] Das Euthanasie-programm sah für alle zu Tötenden den Transport in eine der sechs großen Anstalten Bernburg, Brandenburg, Hadamer, Grafeneck, Hartheim oder Pirna-Sonnenstein vor, wo sie durch Gas umgebracht werden sollten, um den Staat gemäß der Idee von Hoche und Binding von den Pflegekosten zu entlasten.[9]

1941 gab es erste nennenswerte öffentliche Proteste gegen die Aktion T4. Diese wurden größtenteils von der katholischen Kirche organisiert. Heraus sticht die Predigt des Münsteraner Bischofs Clemens August (Kardinal) Graf von Galen in der St. Lamberti Kirche Münster vom 3. August des Jahres. Bischof von Galen stellt in Bezug auf die Euthanasieopfer fest: „Seit einigen Monaten hören wir Berichte, dass aus Heil- und Pflegeanstalten für Geisteskranke auf Anordnung von Berlin Pfleglinge, die schon länger krank sind (...) zwangsweise abgeführt werden. (...) Es handelt sich hier ja nicht um Maschinen, es handelt sich nicht um ein Pferd oder eine Kuh, ... Nein, hier handelt es sich um Menschen, unsere Mitmenschen, unsere Brüder und Schwestern! Arme Menschen, kranke Menschen, unproduktive Menschen meinetwegen! Aber haben sie damit das Recht auf das Leben verwirkt? Hast du, habe ich nur so lange das Recht zu leben, solange wir produktiv sind, solange wir von den anderen als produktiv anerkannt werden?"[10]

Zu diesem Zeitpunkt waren schon weit mehr als 70.000 Menschen der Aktion T4 zum Opfer gefallen und waren nicht unbeobachtet geblieben. Die Proteste führten zu einer formalen Umstellung des Programms. Von nun an wurden die Menschen nicht mehr mit Gas umgebracht, sondern entweder ausgehungert oder durch Injektion von Krankheitserregern oder Überdosen von Morphium beziehungsweise Luminal, einem starken Beruhigungsmittel, so geschwächt, dass sie an den Folgen der Behandlung starben. Das Aushungern funktionierte nicht nur, indem man diesen Menschen einfach nur wenig zu essen gab. Man kochte das Essen auch solange, bis keine Nährstoffe mehr darin enthalten waren und die Menschen aufgrund des Nährstoffmangels verendeten. Durch diese Umstellung der Tötungstechnik sollte der Anschein eines natürlichen oder durch Infektionen hervorgerufenen Todes erweckt werden, um weiteren Protesten der Bevölkerung die Grundlage zu entziehen. Deutschland befand sich zu diesem Zeitpunkt bekanntlich im Krieg. Die Machthaber befürchteten wohl zu Recht, dass Proteste im Inneren dem Kriegswillen der Deutschen schaden würden. Den Angehörigen der Ermordeten wurde mitgeteilt, der Tote sei an einer Seuche gestorben, die in der Anstalt grassiere. Die Angst vor einer eigenen Ansteckung sollte die Angehörigen vom Besuch der Anstalten abhalten, wo sie sich ein Bild von den dort herrschenden Umständen hätten machen können.

Neben der Aktion T4 lief von 1941 bis 1944 die Aktion „14f13". Im Rahmen dieser Aktion wurden KZ-Häftlinge selektiert und ermordet. Im Frühjahr 1941 trafen der Reichsführer SS Heinrich Himmler und Philipp Bouhler aus der Kanzlei Hitlers die Vereinbarung, die Konzentrationslager von Kranken und nicht mehr arbeitsfähigen Menschen zu entlasten. Dazu wollte man eine möglichst unauffällige Form wählen, die Menschen zu vernichten. Andererseits wollte man die Tötungsanstalten der Aktion T4 und deren erfahrenes Personal wieder stärker nutzen, die seit dem offiziellen Stopp der Aktion T4 nicht mehr voll ausgelastet waren.

Viktor Brack, der für die Tarnorganisation der Aktion T4 zuständig war, sollte den Auftrag ausführen. Genannt wurde der Auftrag „Sonderbehandlung

14f13". Die „14" stand in der Nazinomenklatur für den Inspekteur der Konzentrationslager, der Buchstabe „f" für Todesfälle und die Zahl „13" wiederum für die Todesart, in diesem Fall also für die Tötung durch Gas. Sonderbehandlung war der Begriff für Tötung.

„14f13" startete unmittelbar nach der Vereinbarung zwischen Himmler und Bouhler im April 1941. Bereits aus der Aktion T4 erfahrene Ärzte und Gutachter wie Hans Hefelmann und Richard von Hegener bereisten die Konzentrationslager, um dort zu selektieren. Die erste bekannte Selektion fand im April 1941 im KZ-Sachsenhausen statt. Nach diesem Startschuss wurde im ganzen Reich mit drastischen Selektierungs-maßnamen begonnen. Allerdings wurden nur drei Tötungsanstalten genutzt, da mehrere Anstalten der Aktion T4 bereits zurückgebaut worden waren und nicht mehr über Tötungsapparaturen verfügten.

Da ab 1944 keine Tötungslisten mehr geführt wurden, lässt sich nicht sagen, wie viele Menschen wirklich ermordet worden sind. Man geht allerdings davon aus, dass der Aktion 14f13 bis Ende 1943 zwischen 15000 und 20000 Menschen zum Opfer fielen, darunter auch Zwangsarbeiter aus dem Osten, sowjetische Kriegsgefangene und ungarische Juden.[11]

1943 setzte eine große Verlegungsaktion ein, die Aktion Brand, in der Betten in Heil- und Pflegeanstalten für Lazarette und Ausweichkrankenhäuser in Regionen frei gemacht werden sollten, die bis dahin nicht bei Luftangriffen der Alliierten beschädigt worden waren. Der Bedarf war entstanden, da das Gesundheitssystem der Nationalsozialisten nicht auf den langen Krieg vorbereitet gewesen war. Der Verantwortliche für das

Sanitäts- und Gesundheitswesen im NS-Staat war Karl Brand. Demzufolge war er auch für diese Verlegungsaktion zuständig. Der eigentliche Grund für den Namen „Aktion Brand" war damaligen Vermutungen zufolge jedoch, dass Brand im Juli 1943 einen neuen Auftrag zur Ermordung geschädigter „Patienten" erteilte. Allerdings lässt sich diese Vermutung nicht belegen. Stattdessen geht man heute davon aus, dass dieser Tötungsauftrag von anderen, regionalen Führern stammte und Brand tatsächlich nur für die Organisation der Verlegungen zuständig war.

Die Aktion Brand nutzte Erfahrungen und Methoden der Aktion T4. Die Tötungsmethoden waren größtenteils identisch. Besonders oft wurde die Tötung durch Überdosierung von Luminal und durch systematisches Aushungern angewendet.

Es gibt keine verlässlichen Zahlen der Opfer, da nicht immer eindeutig ist, wer der Aktion Brand wirklich zum Opfer gefallen ist und wer nicht, aber man geht auch hier von über 30.000 Personen aus.[12]

Während der NS-Herrschaft wurden insgesamt etwa 200.000 Versehrte und psychisch Kranke von den Nationalsozialisten ermordet.[13] Dennoch gab es nach dem Krieg nur wenige Anklagen gegen Ärzte und Pflegepersonal aus den Anstalten, die an den Aktionen der Euthanasieprogramme beteiligt waren, da sie von Kollegen und Politikern geschützt wurden. Wenn Menschen angeklagt wurden, wurde der Prozess oft frühzeitig beendet, da viele Leute des früheren Personals weitreichende Kontakte bis in die Gerichte hatten. In einer Vielzahl der Fälle wurden die Prozesse auch erst mehrere Jahrzehnte nach Kriegsende geführt.

Viele Angestellte der Anstalten waren dann aufgrund ihres Alters oder Krankheiten nicht mehr prozessfähig. Teilweise wurden Personen für schuldig erklärt, konnten aber nicht mehr verurteilt werden. Einen solchen Fall stellt Professor Doktor Werner Heyde alias Fritz Sawade dar. Dieser war der medizinische Leiter und Obergutachter der Aktion T4 und bekannt unter dem Namen "Professor Tod", wurde aber erst 1959 festgenommen und entzog sich seiner Verurteilung fünf Tage vor Beginn des Prozesses durch Selbstmord.[14]

Außer den bisher genannten Programmen existierte ebenfalls seit 1939 noch ein speziell auf Kleinkinder zugeschnittenes Programm, der "Reichsausschuss zur wissenschaftlichen Erfassung von erb- und anlagebedingten schweren Leiden", kurz "Reichsausschuss". Hinter diesem stand die Abteilung IIb der Kanzlei des Führers mit Philipp Bouhler als Leiter der Kanzlei.

Die Leitung der Abteilung IIb wurde Viktor Brach und als dessen Stellvertreter Werner Blankenburg übertragen. Diesen war als "Geschäftsführer und Korrespondent" für die Amtsärzte, das Gutachter-Gremium und die Klinikärzte Hans Hefelmann unterstellt mit Richard von Hegener als Stellvertreter.

Das Gutachter-Gremium bestand aus Hans Heinze, Ernst Wentzlar und Werner Catel, der die Diagnose für den ersten bekannten Euthanasiemord im Dritten Reich gestellt haben soll, der Fall des "Kindes K." oder auch "Leipziger Kindes".

Diesem Fall kommt eine besondere Bedeutung zu, da er als Beginn der praktischen Ausführung des gesamten Euthanasieprogramms der National-sozialisten angesehen wird. Die Eltern des Kindes K. (auch Kind Knauer) stellten im Frühjahr 1939 (das genaue Datum ist unbekannt) auf Grundlage der Auskunft von Werner Catel ein Gnadentod-Gesuch an die Kanzlei des Führers. Catels Gutachten bescheinigte dem Kind, dass dieses nie "normal" sein werde und sein Leben daher "wertlos" sei.[15]

Das Kind wurde daraufhin auf Veranlassung von Karl Brandt und nach persönlicher Genehmigung Adolf Hitlers getötet. Die besondere Bedeutung liegt nun darin, dass anschließend Hitler selbst den Befehl erteilte, in vergleichbaren Fällen ebenso zu verfahren. Dieser geheime Führererlass Adolf Hitlers aus dem Oktober 1939, als "Ermächtigungsschreiben" auch bekannt unter "Gnadentoderlass", wurde zurückdatiert auf den 1.9.1939 und stellt die Basis des gesamten Euthanasieprogramms dar. Eine gesetzliche Grundlage dafür gab es dagegen nicht: das Strafgesetzbuch verbot aktive Sterbehilfe ausdrücklich.

Die Tötungsaktionen waren also auch im Dritten Reich "als Mord zu beurteilen".[16] Deshalb setzen die Verantwortlichen laut Hans Hefelmann alles daran, dass die Aktionen der Kinder-Euthanasie als "geheime Reichssache" behandelt wurden.[17]

Am 18.8.1939 ordnete der Reichsinnenminister in einem vertraulichen Runderlass an, dass Hebammen und Ärzte Neugeborene und Kinder bis zu 3 Jahren beim Vorliegen folgender Leiden an das zuständige Gesundheitsamt zu melden hatten:
1. Idiotie sowie Mongolismus (besonders Fälle, die mit Blindheit und Taubheit verbunden sind)

2.   Mikrocephalie (abnorme Kleinheit des Kopfes, besonders des Hirnschädels)
3.   Hydrocephalus (Wasserkopf) schweren, fortschreitenden Grades
4.   Missbildungen jeder Art, besonders Fehlen von ganzen Gliedmaßen, schwere Spaltbildungen des Kopfes und der Wirbelsäule usw.
5.   Lähmungen, einschließlich der Littleschen Erkrankung[18]

Diese Meldebögen wurden von den Amtsärzten direkt an den "Reichsausschuss" geschickt und an das Gutachter-Gremium übergeben. Entschieden die Gutachter, dass das Kind zu schwer geschädigt war und daher kein "Lebensrecht" besaß, wendete sich der "Reichssausschuss" zur "Ermächtigung zur Behandlung" an Viktor Brack, dem Leiter der Abteilung IIb. Diese "Ermächtigung" stellte die Voraussetzung für die Tötung des "Reichsausschusskindes" dar.

Bestand Zweifel an der Schwere der Erkrankung, wurden diese Kinder einer genaueren "Beobachtung", bzw. "Begutachtung" unterzogen.[19] Um diese möglichst unauffällig vornehmen zu können, wurden ab 1940 meistens in psychiatrischen Heil- und Pflegeanstalten im ganzen Land sogenannte "Kinderfachabteilungen" eingerichtet, so auch in Langenhorn. Um den "Reichsausschuss" möglichst geheim zu halten, erfolgte die Einweisung der Kinder durch Amtsärzte, Jugendamt oder Fürsorgeverband. Diese waren angewiesen, bei Widerstand die Eltern der Kinder durch Androhung der Entziehung des Sorgerechts zur Einweisung zu bewegen.[20]

In den Anstalten erstellten die Ärzte der "Kinderfachabteilungen" Gutachten über zu erwartende Entwicklungs-, Bildungs- und Arbeits-fähigkeit der Kinder.[21] Diese Gutachten wurden dann wieder dem "Reichsausschuss" vorgelegt.

Mit Umstellung des Programms T4 im Jahre 1941 wurde die Altersobergrenze der "Reichsauschuss-kinder" von drei auf 16 Jahre erhöht.[22] Dem Programm "Reichsauschuss" fielen bis Kriegsende bis zu 5.000 Kinder und Jugendliche zum Opfer.

Eines dieser Kinder war das Geschwisterkind des Vaters eines Kollegen unseres Vaters. Dieser Kollege berichtete, dass sein Vater bis heute nicht über die Vorkommnisse sprechen könne, nur, dass der geistig behinderter Bruder eines Tages einfach weg gewesen und nie wieder in die Familie zurückgekehrt sei. Das Thema muss über viele Jahre ein Tabu gewesen sein.

Kirche und Nationalsozialismus

Verbindung zwischen Kirche und nationalsozialistischer Ideologie

Wie gelang es Hitler und seiner NSDAP, die Kirche auf ihre Seite zu bekommen?

Bereits 1924 stellte Hitler in seiner Schrift "Mein Kampf" dar, dass die Kirche ein Teil des Staates sein sollte, den er nach seinen Vorstellungen aufbauen wollte. Demnach sei es die Pflicht der Deutschen, in „Hochachtung vor den Amtskirchen" zu leben. Auch soll Hitler 1924 in einem Zwiegespräch mit Dietrich Eckart geäußert haben: „Luther war ein großer Mann, ein Riese. Mit einem Ruck durchbrach er die Dämmerung, sah den Juden, wie wir ihn erst heute zu sehen beginnen."[23] Hieran wird verständlich, warum Hitler besonders um die evangelische Kirche warb.

Schon vor der Reichstagswahl am 05. März 1933 begann Hitler, der Kirche seine Wertschätzung zu vermitteln. Er demonstrierte dies am Ende seiner Rede vom 04. März 1933, die er anlässlich der Reichstagswahlen hielt, indem er die Rede mit dem Geläut des Königsberger Doms und dem Choral "Wir treten zum Beten", welche beide noch alte Symbole aus der Kaiserzeit waren, enden ließ. Auch zur Unterstützung seines zweifellos vorhandenen rhetorischen Talents bediente sich Hitler in seinen Reden des Öfteren christlicher Formeln, wie zum Beispiel am 10. Februar 1933 im Berliner Sportspalast. Er ließ seine Rede im Rhythmus des "Vater Unser" mit folgenden Worten enden: "[...] dass eben doch einmal die Stunde kommt, in der Millionen, die uns heute hassen, hinter uns stehen und mit uns dann begrüßen werden das gemeinsam geschaffene, mühsam erkämpfte, bitter erworbene neue deutsche Reich der Größe und der Ehre und der Kraft und der Herrlichkeit und der Gerechtigkeit. Amen".[24] Durch diese demonstrierte Wertschätzung, die Hitler den Mitgliedern der evangelischen Kirche in seinen Reden entgegenbrachte, und die Unterstützung Hitlers und seiner Partei durch große Teile insbesondere der evangelischen Kirche, wurden viele Christen noch kurz vor der Reichstagswahl davon überzeugt, dass sie die NSDAP wählen konnten.

Am 23. März 1933 erklärte Hitler dann in seiner Regierungserklärung, dass die Reichsregierung den Konfessionen in den Gebieten Schule und Erziehung weiterhin den ihnen zukommenden Einfluss gewähren würde und die christlichen Glaubensrichtungen eine rechtliche Unantastbarkeit und Schutz und Förderung durch den Staat garantiert bekämen. Dafür wurde von der Kirche erwartet, dass die Leistungen der Regierung zu würdigen seien. Offenbar war das für viele Christen kein Problem, da sich vor allem die evangelische Kirche von der neuen Regierung die Bekämpfung des "gottlosen" Bolschewismus und der "marxistischen Verirrungen", von denen sie sich nach der bolschewistischen Machtergreifung in Russland und durch die Politik der Weimarer Jahren 1921-1925 bedroht fühlte, erhoffte. Außerdem erwartete man die Wiederanerkennung des Evangeliums und die Wiedereinführung der christlichen Werte ins öffentliche Leben, die Bekämpfung des Judentums und generell eine "nationale Umwälzung".[25]

Deutsche Christen

Bereits in der Kaiserzeit gegen Ende des 19. Jahrhunderts gewannen in der evangelischen Kirche stark antisemitisch-rassistische und nationalistische Ideen an Bedeutung. Diese Ideen führten zu der Überzeugung, dass im göttlichen Heilsplan für die Deutschen und ihr Reich ein besonderer Platz vorgesehen sei. Der Schriftsteller Max Bewer (1861-1921) verstieg sich in seiner Schrift "Der Deutsche Jesus" 1907 sogar zu der Behauptung, dass Jesus von deutschen Söldnern abstamme und Deutsche deshalb die besten Christen seien, in der geistigen Entwicklung nur vom materialistischen Judentum behindert.

Der latente und immer offener zutage tretende Antisemitismus äußerte sich in dem Versuch, eine Trennung zwischen dem zürnenden Gott Jehova des

Alten Testaments und der Dreifaltigkeit Gottvater, Sohn und Heiliger Geist zu erreichen bis hin zur Forderung des Flensburger Pfarrers Friedrich Andersen[26] aus dem Jahre 1904, das Alte Testament und "alle jüdischen Trübungen der reinen Jesuslehre" abzuschaffen.[27]

Dabei kam dem Heiligen Geist eine durchaus mythische Bedeutung zu, wie sie sich zum Beispiel in Richard Wagners Bühnenweihfestspiel "Parsifal" zeigt. Auch der deutsche Kaiser Wilhelm II. fühlte sich vom Heiligen Geist erleuchtet.

Durch die sozialistische Revolution und die nachfolgende Unterdrückung der Kirche durch die bolschewistische Regierung in Russland war die evangelische Kirche in der Weimarer Republik verunsichert und suchte um so mehr die Verbindung zu völkischen Kreisen. Das zeigte sich exemplarisch auf dem "vaterländischen Kirchentag", der 1927 in Königsberg stattfand und sich eigentlich zum Ziel gesetzt hatte, sich von allzu radikalen Bewegungen zu distanzieren. Stattdessen ebnete eine Rede des Theologen Paul Althaus, in der er die Notwendigkeit der "Reinheit des Blutes" als Voraussetzung für die "Herrschaft des Volkstums" verneinte, der Idee einer "deutschen Verkündigung des Evangeliums" den Weg.[28]

Die NSDAP machte sich dieses in ihrem Parteiprogramm zunutze, in dem unter dem Punkt 24 von einem "positiven Christentum" gesprochen wird. Damit zogen die Nationalsozialisten, für die seit 1928 auch der oben erwähnte Pastor Friedrich Andersen als Redner auftrat, viele radikale Mitglieder der evangelischen Kirche auf ihre Seite.

Um 1930 entstand in Thüringen eine christliche Gruppierung, die streng nach dem Führerprinzip handelte. Sie bezeichnete sich als die „SA Jesu Christi", die sich zum „positiven Christentum" bekannten. Sie strebten „Rassenreinheit" der Kirchenmitglieder an. Niemand mit jüdischen Wurzeln sollte in der Kirche tätig sein dürfen.

Die "Glaubensbewegung Deutsche Christen" wurde am 6.6.1932 von Pfarrer Joachim Hossenfelder aus Berlin gegründet. Diese Bewegung sollte als Partei innerhalb der evangelischen Kirche im ganzen Reich wirken. Die "Richtlinien", die am Gründungstag verfasst wurden, ließen keine Zweifel an der Ideologie dieser Bewegung aufkommen: „Wir sehen in Rasse, Volkstum und Nation uns von Gott geschenkte und anvertraute Lebensordnungen. […] Daher ist der Rassenvermischung entgegenzutreten. […] In der Judenmission sehen wir eine schwere Gefahr für unser Volkstum. Sie ist das Eingangstor fremden Blutes in unseren Volkskörper. […] Insbesondere ist die Eheschließung zwischen Deutschen und Juden zu verbieten."[29]

Interessant ist ferner, dass das Programm die Einrichtung einer "Reichskirche" vorsah, die streng nach den Führerprinzip auszurichten sei und der die Auflösung der Landeskirchen voranzugehen habe. Weiterhin sollten alle "Judenchristen", also getaufte ehemalige Juden oder Nachfahren aus christlich-jüdischen Mischehen aus dieser "Reichskirche" ausgeschlossen werden.

Noch im selben Jahr konnten die „Deutschen Christen" bei den Kirchenwahlen in der Altpreußischen Union fast ein Drittel der Stimmen für sich gewinnen. Nach der Machtübernahme der Partei Hitlers 1933 hatten die „Deutschen Christen" einen Massenzulauf. Dies ist darauf zurückzuführen, dass Hitler die Deutschen Christen als ein Instrument benutzt hat, mit dem er die gesamte protestantische Kirche gleichschalten und ihre Ausrichtung auf die nationalsozialistische Weltanschauung bewegen konnte und daher protegierte. Bei den Synodalwahlen der Landeskirchen 1933 erreichten die deutschen Christen eine Zweidrittelmehrheit. Nun konnten sie fast alle wichtigen und hohen Ämter der protestantischen Kirche besetzen. So wurde am 6. September 1933 auch der Deutsche Christ Ludwig Müller, seit April 1933 Hitlers „Bevollmächtigter für die Angelegenheiten der Evangelischen Kirche", zum Reichsbischof ernannt. Er war nun der höchste evangelische Würdenträger des Reichs.[30]

Bekennende Kirche

Als der bis dahin nur für Beamte geltende Arierparagraph auch für Pastoren gelten sollte und für Geistliche mit jüdischen Wurzeln zur Bedrohung wurde, riefen die Pfarrer Eugen Weschke, Herbert Goltzen und Günter Jacob im September 1933 den Pfarrernotbund ins Leben. Der Notbund rief alle Pfarrer zum Protest gegen diesen Paragraphen auf. Bis Januar 1934 schlossen sich der Organisation 7000 Pfarrer des Reichs an. Dieses entspricht ungefähr einem Drittel der damaligen Gesamtzahl der protestantischen Pfarrer.

Außerdem entwickelten sich in vielen Landeskirchen sogenannte Bekenntnisgemeinschaften. Die

Bekenntnisgemeinschaften und der Pfarrernotbund bildeten die Wurzeln der Bekennenden Kirche.[31] Diese gründete sich vom 29. bis 31. Mai 1934 auf der ersten Barmer Bekenntnissynode. Sie sah sich als rechtmäßige evangelische Kirche und verweigerte dem Nationalsozialismus den Gehorsam. Am 19. und 20. Oktober 1934 fand die zweite Bekenntnissynode statt. Mit den Landesbischöfen von Bayern, Hannover und Württemberg, die einzigen Landesbischöfe, die nicht den Deutschen Christen angehörten, setzten sie die „Vorläufige Kirchenleitung der Deutschen Evangelischen Kirche" in Kraft. Diese vermochte sich bis 1936 zu halten, doch immer wieder wurden bekannte Mitglieder der Bekennenden Kirche wie Martin Niemöller oder Dietrich Bonhoeffer mit Redeverbot belegt, unter Hausarrest gestellt oder in Haft genommen. Dieses behinderte die Arbeit enorm.

Immerhin führte diese offene Gegenbewegung dazu, dass Hitler bereits 1934 von seinem Plan absah, die evangelische Kirche weiter als "fünfte Kolonne" zu missbrauchen.[32] Trotzdem versuchte aber das NS-Regime einen Kompromiss zwischen Deutschen Christen und Bekennender Kirche zu finden, da die Bekennende Kirche sich großer Beliebtheit erfreute. Dieses Vorhaben gelang allerdings nicht. Im März 1936 wählten die Mitglieder der Bekennenden Kirche erneut die „Vorläufige Leitung der Deutschen Evangelischen Kirche". Im Mai 1936 richtete die Bekennende Kirche eine geheime Denkschrift an Hitler, in der sie die Verhaftungen ihrer Mitglieder, Konzentrationslager, die „Geheime Staatspolizei" sowie die Juden-verfolgungen anprangerte. Kurz darauf (1937) waren 800 Mitglieder der Bekennenden Kirche wegen Staatsverrat vor Gericht.

Zu Beginn des Krieges wurde von Heinrich Grüber ein Büro eingerichtet, welches Pfarrer mit jüdischen Wurzeln zur Flucht verhalf und diesen beistand. Doch auch dieses musste zwei Jahre später nach der Verhaftung Grübers geschlossen werden. Der verbliebene Rest der Bekennenden Kirche verurteilte in der Folge zwar noch einmal den Mord an den Juden, doch der große Protest war gebrochen.[33]

Beispiel: Theophil Wurm: eine Kurzbiografie

Theophil Wurm, dessen Name so viel bedeutet wie "der Freund Gottes", wurde am 7. Dezember 1868 in Basel als Sohn eines Lehrers und späteren Dekans geboren. Nach seinem Schulabschluss begann er, Theologie in Tübingen zu studieren. 1891 schloss sich ein achtjähriges Vikariat an, wonach er 1899 in Stuttgart als Pfarrer der Inneren Mission zu arbeiten begann. Ein Jahr später heiratete er Marie Bruckmann, mit der er drei Töchter und zwei Söhnen bekam. 1901 begann sein Aufstieg in der Kirche: Wurm wurde zum Geschäftsführer der Evangelischen Gesellschaft in Stuttgart erhoben, 12 Jahre später ging er als zweiter Stadtpfarrer nach Ravensburg. Nach dem ersten Weltkrieg ließ sich Theophil Wurm für die rechtsnationale DNVP in den württembergischen Landtag wählen. Seine Zeit im Landtag war jedoch nur von einer Dauer von zwei Jahren, denn 1920 hatte er die Möglichkeit, Dekan in Reutlingen zu werden. Diese Möglichkeit ergriff er und gab deshalb sein Landtagsmandat auf. Nach sieben Jahren ging Wurm 1927 nach Heilbronn, um dort als Prälat tätig zu werden. Im Jahre 1929 vollzog sich dann der letzte große Schritt in Wurms Aufstieg in der Kirche. Er wurde zum württembergischen Kirchenpräsidenten gewählt, eine Position, die 1933 in den Titel "Landesbischof" umbenannt wurde.

Nachdem die Nationalsozialisten dann im selben Jahr die Macht in Deutschland übernahmen, war Theophil Wurm zuerst positiv gegenüber den neuen Machthabern eingestellt und unterstützte diese uneingeschränkt. Mit ihrer Machtübernahme hoffte er, die Arbeiterschaft, die der evangelischen Kirche im 19. Jahrhundert verloren gegangen war, wiedergewinnen zu können. Schon ab 1934 jedoch begann Wurm gegen die Nationalsozialisten und deren Gleichschaltungs-programm zu protestieren, welches auch begann, die Landeskirche anzugreifen, und versuchte, diese in die gleichgeschaltete "Reichskirche" einzugliedern. Beispielhaft für den Protest Wurms steht wohl seine Predigt, die er am 22. April 1934 im Ulmer Münster hielt und in der er seine Stimme gegen die Gleichschaltung der Landeskirche erhob. Aufgrund seiner Wehr wurde der Landesbischof dann im Oktober desselben Jahres zu drei Wochen Hausarrest verurteilt. In dieser Zeit schalteten die Nationalsozialisten nun auch die württembergische Landeskirche gleich, indem sie einen Kommissar anstelle Wurms einsetzten und alle weiteren Geistlichen und Amtsträger entließen. Die meisten der entlassenen Pfarrer, Dekane, Prälate und Ober-kirchenräte hielten jedoch zu Wurm und veranstalteten Protestaktionen, die schlussendlich dazu führten, dass Theophil Wurm Bischof der evangelischen Kirche in Württemberg blieb. In den folgenden Jahren ordnete sich Wurm kaum einer Seite zu. Zum einen war er 1936 maßgeblich daran beteiligt, ein Konzept zur Erhaltung der Eigenständigkeit der Kirche auszuarbeiten und gründete darauffolgend den "Rat der Evangelisch-lutherischen Kirche Deutschlands" mit. Er machte jedoch auch auf sich aufmerksam, indem er zum Teil antisemitische Äußerungen von sich gab (z.B. die württembergische Kirche ist "judenfreier als irgendeine andere"[34] oder auch: "Ich bestreite mit keinem Wort dem Staat das Recht, das Judentum als ein gefährliches Element zu bekämpfen. Ich habe von Jugend auf das Urteil von Männern wie Heinrich von Treitschke und Adolf Stoecker über die zersetzende Wirkung des Judentums auf religiösem, sittlichem, literarischem, wirtschaftlichem und politischem Gebiet für zutreffend gehalten"[35]) und nach dem Verständnis einiger der Landeskirche zugehöriger Pfarrer zu wenig gegen die Sudetenkrise, den Anschluss Österreichs an Deutschland und die "Reichskristallnacht" protestierte. Dies führte zu einem großen Widerspruch einer Gruppe von Pfarrern, die Teil der Bekennenden Kirche waren und Theophil Wurm aufforderten, sich zum Barmer Bekenntnis[36] zu bekennen und dem-entsprechend auch den nationalsozialistischen Staat und seine Handlungen zu verurteilen. Nach und nach wurde Theophil Wurm dann die unmenschliche und unchristliche Haltung der Nationalsozialisten gegenüber den Menschen bewusst und er begann im Jahre 1940 in Form von Briefen an die Regierungsstellen, wie auch an das Reichsministerium des Innern, zu protestieren. Er wehrte sich vor allem gegen die Tötung von Kranken, also gegen die Euthanasie, gegen die Judenverfolgung und gegen die Verdrängung der Kirche aus den Erziehungsbereichen. Als einer seiner berühmtesten Briefe gilt wohl der Protestbrief an den Reichsinnenminister Frick, in dem er das Ministerium dazu auffordert, Schluss zu machen mit der Tötungen kranker Menschen. Aus diesem Brief stammt auch sein berühmter Spruch "Auf dieser schiefen Ebene gibt es kein Halten mehr". Durch seine schnelle Annäherung an den radikalen Teil der Bekennenden Kirche, wegen Beziehungen zum "Kreisauer Kreis" und durch seine häufigen Proteste wurde er dann 1944 von den Nationalsozialisten mit einem Schreib-und Redeverbot belegt.

Nachdem der Krieg und die nationalsozialistische Herrschaft beendet waren, setzte sich Theophil Wurm in den kommenden Jahren für den Neuaufbau der Kirche ein. So war er Mitunterzeichner des "Stuttgarter Schuldbekenntnisses", welches einen wesentlichen Baustein zur Einung der evangelischen Kirche und zur Aufnahme der ökumenischen Zusammenarbeit darstellt. Ebenfalls 1945 war Wurm Mitgründer der "EKD" ("Evangelische Kirche in Deutschland"), deren primäres Ziel es war, die im Dritten Reich gespaltene evangelische Kirche wieder zusammenzuführen und neu aufzubauen. Drei Jahre nach Kriegsende legte Theophil Wurm im Alter von 80 Jahren dann sein Amt als Bischof nieder und ein Jahr später auch seinen Posten als Ratsvorsitzender der EKD. Theophil Wurm, der Freund Gottes in der wohl dunkelsten Zeit deutsch -evangelischer Geschichte, starb am 18. Januar 1953 in Stuttgart.

Geteilte evangelische Kirche in Hamburg

Wie das obige Beispiel Theophil Wurms zweifelsfrei zeigt, gab es evangelische Geistliche, die den Nationalsozialismus nicht mit dem christlichen Glauben vereinen konnten. So unter anderem auch Walther Hunzinger, Sohn des damaligen Hauptpastors von St. Michaelis, August Wilhelm Hunzinger, und

Schwiegersohn des damaligen Hauptpastors der St. Nikolai Kirche, Heinz Beckmann. Er erkannte schon 1931, welche Gefahren unter anderem auch für die Kirche vom Nationalsozialismus ausgingen. Hunzinger erkannte sowohl in der kommunistischen als auch in der nationalsozialistischen Ideologie eine Vergöttlichung, d.h. Gleichstellung des Menschen mit Gott, die er entschieden ablehnte. Nur wenige Pastoren Hamburgs teilten die Meinung Hunzingers. Er bewegte sich mit seinen Aussagen zu offen in Kreisen des Widerstands.

Mit den großen Wahlerfolgen der Nationalsozialisten ab 1932 wurde jedoch das Unbehagen einiger Hamburger Pastoren größer, ob sich der Nationalsozialismus wirklich mit der christlichen Botschaft vereinen ließe. Dabei stach die Stimme eines Eilbeker Gemeindehelfers namens Schulz besonders heraus, der Kritik am 24. Programmpunkt der NSDAP äußerte, welcher die Religionsfreiheit und Äußerung der Religionen einschränkte.

Die große Kritik der evangelischen Kirche am Nationalsozialismus blieb allerdings aus, da schon ab dem 30.01.1933 offizielle wie inoffizielle Verfolgungs- aktionen gegen Kritiker des Nationalsozialismus begannen und deshalb viele Pastoren aus Selbstschutz keine Kritik mehr äußerten.

Die Nationalsozialisten stellten ab 1933 gezielt Pastoren ein, die auch die Idee des Nationalsozialismus vertraten. Diese entstammten dem rechten politischen Spektrum, nur wenige gehörten jedoch der „Nationalsozialistischen Arbeiterpartei" (NSDAP) an. Die frühen NSDAP-Anhänger in der Kirche konnten eine große Karriere machen, so zum Beispiel Franz Tügel. Er war zu Beginn der NS-Zeit noch Pastor an der Gnadenkirche St. Pauli, ist dann aber schnell durch die gezielte Förderung der Nationalsozialisten Pastor an der Hauptkirche St. Jacobi geworden und bis zum evangelischen Landesbischof aufgestiegen. Dafür setzten die Nationalsozialisten den amtierenden Landesbischof Simon Schöffel ab. Tügel warb in seinen Predigten offen für die Nationalsozialisten[37]. Für ihn wie wohl auch für andere Hamburger Pastoren bezog das "Deutsche Evangelium", das untrennbar mit dem Dritten Reich verbunden war, seine Legitimation aus der Dreifaltigkeit Gottes, insbesondere aus deren dritten Teil, dem Heiligen Geist.

Der amtierende Pastor der evangelisch-lutherischen Kirchengemeinde St.Jürgen-Zachäus[38], Wolfgang Peper[39], sagt im Gespräch, was er als Theologe von dieser Legitimation hält: Er kann sich nur vorstellen, dass die Pastoren, die so gepredigt haben, extrem „fanatisch" gewesen sein mussten. Mit dem „Heiligen Geist" verbindet der christliche Glaube laut Peper „Liebe, Friede, Freude und Freundlichkeit, Geduld, Güte, Musik, Völkerverständigung, ein christliches Menschenbild der Vergebungsbereitschaft, Solidarität mit allen Schwachen, Phantasie zu einem gelungenen Leben, Mut zu Neuem und nicht etwa solche Verbrechen an Schwächeren, die mit so etwas Gutem und Gütigem gerechtfertigt wurden."

Die Veränderungen im Alltag unter national sozialistischer Herrschaft wurden jedenfalls wahrgenommen und begrüßt. Ende März 1933 schrieb ein Pastor an seinen Freund, dass sich die Menschen verändert hätten: „Als ich Sonntagnachmittag nach einer Taufe im Auto nach der Rückertstraße gebracht wurde, wo ich Trauung und Taufe hatte, spürte ich, durch die Straßen heimkehrend, wie die Leute anders geworden sind. Der Terror der Kommunisten ist wirklich gebrochen, die Atmosphäre gereinigt. Auch heute im Versorgungsheim kein „Hamburger Echo" mehr auf den Betten."[40]

Die geschilderten Ereignisse waren Folgen auf den Reichstagsbrand vom 27. auf den 28. Februar 1933. Die sozialdemokratische Zeitung „Hamburger Echo" berichtete kritisch über dieses Geschehen und seine Folgen und wurde deshalb verboten. Als unmittelbare Reaktion darauf traten die sozialdemokratischen Senatoren Hamburgs von ihrem Amt zurück. Unliebige Zeitungen wie das „Hamburger Echo" wurden von den Nationalsozialisten als „Schund- und Hetzliteratur" gebrandmarkt, da solche Schriften nicht ins Bild der neuen Machthaber passten. Mit Worten wie „Schund- und Hetzliteratur" wurde die Stimmung in der Bevölkerung von den neuen Machthabern ideologisch aufgeheizt und gelenkt, sodass die Zahl der Anhänger und Befürworter immer weiter stieg. Die Mehrheit der evangelischen Pastoren war dafür, diese kritische Presse und Literatur zu verbieten, sowie Sozialdemokraten und Kommunisten zu verhaften, denn auch in der Hamburger Kirche war die Sorge vor einem kommunistischen Umsturz größer gewesen als die Furcht vor dem, was eine rechtsradikale Machtübernahme für Folgen nach sich ziehen würde.

Heil- und Pflegeanstalt Langenhorn

Gegründet wurde die Anstalt 1893 unter dem Namen "Landwirtschaftliche Colonie für Geisteskranke Langenhorn" als Außenstelle der Anstalt Friedrichsberg und war ursprünglich dazu gedacht, dass "besitzlose Geisteskranke", denen die finanziellen Möglichkeiten fehlten, sich ärztlich versorgen zu lassen, einen Zugang zu ärztlicher Behandlung bekamen.[41] Die Idee entstand bereits am 06.05.1888 in Form eines Memorandums, auf die gut zweieinhalb Jahre später, am 23.02.1891, der Antrag des Senats folgte, an der "Tannenkoppel" diese "landwirtschaftliche Kolonie" für 200 Menschen zu errichten. Diesem Antrag wurde stattgegeben. So wurde von 1892 bis 1893 die Kolonie erbaut, bis sie am 01.04.1893 eröffnet wurde. Es lebten aber bereits seit dem 01.10.1892 20 Patienten in der Anstalt. Bis zum 01.08.1893 war die Anstalt schon zur Hälfte belegt. Das Betriebskonzept sah vor, dass sich die Patienten landwirtschaftlich betätigen mussten. Bereits Ende 1894 wurde von der Leitung der "Kolonie" beantragt, dass diese um 200 Betten erweitert wird. Stattdessen erfolgte 1897 wiederum auf Antrag des Senats sogar eine Erweiterung um 300 Betten, die von 1898 bis 1900 durchgeführt wurde. Im Jahre 1899 wurde die Kolonie umbenannt in "Irrenanstalt Langenhorn"[42]. Die Landwirtschaft fand aber weiterhin statt, auch wenn jetzt von den neuen Patienten nicht mehr alle arbeitsfähig waren. Am 13.01.1901 wurde dann das "Fest- und Gottesdiensthaus" eingeweiht, allerdings ohne eigenen Pastor.

Von 1904 bis 1909 fand eine zweite Erweiterung statt, die angestoßen wurde von Dr. Theodor Neuberger. Mit diesem zweiten Ausbau entstand auch das "gesicherte Haus", um erstmalig in Hamburg sogenannte "gemeingefährliche geisteskranke Verbrecher" getrennt unterbringen zu können und das schon 1905 bezogen wurde. In der Anstalt fanden nun 1060 Menschen Platz.

Bereits 1910 begann eine dritte Erweiterungsphase. An deren Ende 1914 konnten in der Anstalt 1853 Patienten unterkommen. Eine daraufhin geplante vierte Erweiterung scheiterte am Ersten Weltkrieg, währenddessen vermehrt Patienten an Unterernährung starben.

Nach Kriegsende wurde die "Irrenanstalt Langenhorn" umbenannt in "Staatskrankenanstalt Langenhorn"[43]. Im Jahre 1923 nahm das Krankenhaus dann 127 Waisenkinder auf und eröffnete am 01.04. desselben Jahres die Irrenpflegeschule auf dem Gelände. Ab 1927 wurden in der Anstalt Patienten direkt aufgenommen und nicht mehr nur auf Einweisung der Anstalt Friedrichsberg. 1938 erfolgte die Umbenennung in "Heil- und Pflegeanstalt Langenhorn"[44] und wurde in das Euthanasieprogramm der Nationalsozialisten aufgenommen.

Mit Beginn des Zweiten Weltkrieges 1939 wurde die Anstalt dann zum Hilfskrankenhaus. Neben psychisch Kranken wurden auch somatisch Kranke aufgenommen. Dennoch wurde 1940 im Rahmen des "Reichsausschusses" die Kinderfachabteilung ge-gründet.[45]

Als Hamburg ab dem 24.07.1943 bombardiert wurde, kam dem Krankenhaus eine immer größere Bedeutung zu. Dadurch, dass die Klinik außerhalb der Stadt lag, fielen kaum Bomben auf das Gelände. Bei den wenigen Angriffen, die die Anstalt trafen, wurde niemand verletzt. Deshalb wurde begonnen, die Ausgebombten aus der Stadt hierher zu verlegen.[46] Mit der Aufnahme dieser Menschen bestand 1943 die Mehrheit der Patienten (1455) in der nun in "Allgemeines

Krankenhaus Langenhorn" umbenannten Anstalt aus somatisch Kranken. Es waren aber immer noch 1243 psychisch Kranke dort untergebracht, da das Krankenhaus weiter als Verlegungsstelle im Euthanasieprogrammes fungierte.

In der 1953 in "Allgemeines Krankenhaus Ochsenzoll"[47] umbenannten Anstalt wurde noch bis 1974 landwirtschaftlich gearbeitet. Seit Kriegsende hat die Klinik diverse neue Abteilungen gewonnen, wie zum Beispiel 1978 die Abteilung für Neurologie; 1982 wurde das Sozialtherapiezentrum und 1987 der Neubau für den Maßregelvollzug eröffnet. Heutzutage gehört die Klinik zum Asklepios Konzern.[48]

Kooperationen und ausführende Ärzte

Die Heil- und Pflegeanstalt Langenhorn unterstand während des Dritten Reichs der Hamburger Gesundheitsverwaltung, deren Leiter Senator Friedrich Ofterdinger war. Ihm unterstellt war Obersenatsrat Kurt Struve. Leiter des Hauptgesundheitsamtes, dem die übrigen Gesundheitsämter der Stadt untergeordnet waren, war Hermann Sieveking. Dem Hauptgesundheitsamt waren noch zwei Dezernate angegliedert: das Dezernat A, zuständig u.a. für die Erb- und Rassenpflege, unter Leitung von Hans Schmidt, und das Dezernat B, das zuständig war für die Maßnahmen im Rahmen des "Gesetzes zur Verhütung erbkranken Nachwuchses", geleitet von Helmuth Rautenberg.[49]

Die Langenhorner Anstalt besaß keine Lizenz zur Sterilisation im Rahmen des „Gesetzes zur Verhütung erbkranken Nachwuchses". Die Ärzte der Anstalt hatten lediglich Urkunden auszufüllen, wer erbkrank war und wer nach dem damaligen Verständnis sterilisiert werden musste. Diese Urkunden wurden vom Anstaltsleiter an das Gesundheits- und Fürsorgeamt weitergeleitet. Dieses Amt verwaltete dann den weiteren Verlauf der Dinge: den Transport in eine Klinik mit Lizenz zur Sterilisation und den dortigen Aufenthalt.

Im Rahmen des Euthanasie-Programms fungierte die Heil- und Pflegeanstalt Langenhorn als Zwischenanstalt für die Deportationen.[50] Von hier aus wurden innerhalb der sechs Jahre dauernden Aktion mehr als 4000 Patienten in Umlandsanstalten, weitere Zwischenanstalten oder gerade auch am Ende in Tötungsanstalten verlegt. Die Daten von 3755 Patienten belegen, dass von den deportierten Patienten 2668 Patienten starben, also mehr als 70%, wobei das Schicksal von weiteren 599 der 3755 Patienten ungeklärt ist.[51] Zu den wichtigsten der 20 Anstalten, mit denen die Heil- und Pflegeanstalt kooperierte, zählten die Umlandsanstalten Rickling und Ilten, die Zwischenanstalten Eichberg und Weilmünster und die Tötungsanstalten Hadamar und Meseritz-Obrawalde.[52]

Seit 1933 war der Nationalsozialist Gerhard Hanko Verwaltungsleiter der Anstalt. Er verdankte diese Position seiner Parteizugehörigkeit. Hanko trieb die Selektion von arbeitsfähigen und "unnützen" psychisch kranken Patienten voran. Letztere wurden in die Tötungsanstalten deportiert, da die Arbeitsfähigkeit für die Nationalsozialisten im Vordergrund stand, während eine medizinische Behandlung so gut wie gar nicht stattfand.[53] Der überlebende Patient Fritz Niemand berichtete, dass gelegentlich zwar Ärzte auf die Station kamen, er diese aber nur von Weitem sah, und dass diese ihn gar nicht kannten.[54]

Die Heil- und Pflegeanstalt besaß 1939 sechs medizinische Stationen:

- psychiatrische Abteilung
- medizinische Abteilung
- chirurgische Abteilung
- Infektionsabteilung
- dermatologische Abteilung
- Abteilung für Tuberkulosekranke
- Krankenabteilung für Ausländer[55]

Dabei war die psychiatrische Abteilung für die Erstellung der Gutachten zuständig, die das "Gesetz zur Verhütung erbkranken Nachwuchses" vorsah. Euthanasiemaßnahmen an Erwachsenen waren ausdrücklich nicht vorgesehen. Zur Abteilung gehörten die Ärzte Dr. Lange, Dr. Lua, Dr. Knigge, Dr. Quickert und Dr. Kerl. Während die medizinische Diagnose unter den Abteilungsärzten oft unstrittig war, kamen die Gutachten jedoch durchaus zu unterschiedlichen Ergebnissen, die auch die Einstellung der Ärzte widerspiegelt. Beispielhaft sind die Gutachten der Ärzte Dr. Lange und Dr. Lua.

Dr. Lange, seit 1936 Assistenzarzt in Langenhorn mit offenkundig persönlichen Problemen (Alkoholismus), bewegte sich mit seinen Gutachten in den Gefilden von Binding und Hoche. So stammen von ihm folgende Beurteilungen: "Unheilbar und für die menschliche Gemeinschaft als wertvolles Mitglied verloren", "Durch die homosexuellen Neigungen schädlich und wertlos für die Gemeinschaft", oder "Alles in allem eine wertlose Niete in der menschlichen Gemeinschaft". Demgegenüber äußerte sich Dr. Lua, seit 1912 in Langenhorn angestellt und seit 1919 verbeamteter

Anstaltsarzt, in seinen Gutachten deutlich differenzierter: "Antriebsschwäche, antwortet korrekt, zeitlich und örtlich orientiert. Kontaktfähig. Berichtet, er habe in Rickling bei Hausarbeit geholfen.", "Gelegentlich zeigt sich eine Störung des Wirklichkeitsgefühls. Orientierung vorhanden. Ist kontaktfähig.", aber auch "Nach vorübergehender Besserung scheint er wieder in die Richtung des früheren Zustandes abzugleiten."

Knigge, Kerl und Quickert zielten in ihren Gutachten dagegen mehr auf die Arbeitsfähigkeit der Patienten. So heißt es in einem Gutachten von Quickert: "Seine produktive Arbeitsleistung ist nur sehr gering.", bei Knigge: "Hilft beim Reinemachen der Station, leistet aber keine eigentlich produktive Arbeit." und bei Kerl: "Arbeitsleistung war unterschiedlich. Im wirtschaftlichen Ergebnis wohl nicht ausreichend zur Kostendeckung."[56]

Eine entscheidende Figur war der langjährige Assistenzarzt der psychiatrischen Abteilung, Friedrich Knigge (1900-1947). Knigge wurde als ausgebildeter Facharzt der Neurologie und Psychiatrie im Dezember 1929 in der Anstalt angestellt, aber erst 1940 verbeamtet, nachdem er 1937 der NSDAP und 1939 dem NS-Ärztebund beigetreten war. Im Dezember 1940 nahm Knigge zusammen mit dem Leiter des Kinderkrankenhauses Rothenburgsort, Wilhelm Bayer an einer Sitzung des „Reichsausschusses zur wissenschaftlichen Erfassung von erb- und anlagebedingten schweren Leiden" in Berlin teil, in deren Folge er auf Veranlassung von Ofterdinger die ärztliche Leitung der neugegründeten und Ofterdinger unterstellten Kinderfachabteilung in der Heil- und Pflegeanstalt übernahm, der Abteilung, in der bis zu

ihrer Auflösung im Juli 1943 das Kinder-
Euthanasieprogramm ("Reichsausschuss") stattfand. Im
Jahre 1942 wurde Knigge zum Oberarzt befördert und
schließlich am 1.12.1943 ärztlicher Direktor der in
"Allgemeines Krankenhaus Langenhorn" umbenannten
Anstalt.[57]

Das Personal der Kinderfachabteilung rekrutierte sich
aus der Heil- und Pflegeanstalt. Dem Bericht einer
Krankenschwester zufolge war die Station gering
belegt.[58] Am Eingang der Station soll laut der
Nachkriegsaussage einer Mutter gestanden haben:
"Station zur wissenschaftlichen Erfassung"[59] In der
Anstalt wurde aus Verwaltungsgründen die "Abteilung
Sterbehilfe"[60] eingerichtet, der der Stadtamtmann Franz
Freese vorstand.

Obwohl die Kinderfachabteilung offiziell erst am 1.
Februar 1941 eröffnet wurde, fand die Einweisung des
ersten Kindes bereits am 21. Januar statt.[61] Das
"Reichsausschuss"-Programm ermöglichte, wie schon
beschrieben, anders als die anderen Euthanasieprogramme, die Tötung der Patienten. In der Heil- und
Pflegeanstalt wurden vom 27.03.1941, dem Datum der
ersten Kindestötung, bis zur Schließung der Abteilung
22 Kinder und nicht, wie von Knigge angegeben, 12
Kinder umgebracht. Insgesamt ist von 69 Kindern der
Aufenthalt bekannt, 15 wurden in andere Anstalten
verlegt (6 ins Kinderkrankenhaus Rothenburgsort,
eines nach Leipzig zu Dr. Werner Catel, eines nach
Lüneburg in die Kinderfachabteilung, vier nach
Alsterdorf, wovon eines bis nach Spiegelgrund
weiterverlegt wurde, und drei nach Meseritz-
Obrawalde). Die restlichen zweiunddreißig Kinder
wurden entlassen, wobei zwei Kinder erneut

eingewiesen wurden. 38 der Kinder waren Jungen, 31 Mädchen. Der Großteil der Kinder, nämlich 39, war zwischen 0 und 3 Jahren alt, 26 Kinder zwischen 4 und 21 (!) Jahren und von 4 Kindern ist das Alter unbekannt.[62] An sechs der ermordeten Kinder hat Knigge Sektionen vorgenommen.[63]

Was zur Schließung der Abteilung führte, ist nicht eindeutig belegt. Eine mögliche Erklärung ist, dass die fortgesetzten Luftangriffe auf Hamburg zusätzlichen Platz in Krankenhäusern notwendig machten. Eine weitere Erklärung wäre, dass die Liege- und Beobachtungszeiten in der Abteilung zu lang gewesen sein sollen.[64] Damit käme wieder Knigge ins Spiel. In einem Brief, den er kurz vor seinem Tod an die Hamburger Staatsanwaltschaft schrieb, behauptet Knigge, er habe in 16 Fällen, in denen Eltern der "Behandlung" ihrer Kinder zugestimmt oder sogar auf diese gedrungen hätten, diese "Behandlung", sprich Tötung, verweigert. [65]

Nach der Schließung der Abteilung befahl das Gesundheitsamt Knigge, alle Unterlagen über die Vorgänge in der Kinderabteilung, die Knigge offenbar sehr detailliert dokumentiert hatte, zu vernichten. Diesem Befehl kam Knigge nicht nach, da er die Akten "unter allen Umständen aufbewahren" wollte.[66]

Es ist vielleicht eine Ironie der Geschichte, dass Friedrich Knigge am 2.12.1947 an Kinderlähmung starb. [67]

Kirche in Langenhorn

Zu Beginn der NS-Zeit gab es zwei Pastoren in Langenhorn. Der eine namens Stehn war für den südlich des Wördenmoorweg gelegenen Teil Langenhorns zuständig, der andere namens Tolzien für den nördlich dieses Wegs gelegenen Teil. Obwohl die Heil- und Pflegeanstalt in Tolziens Bereich lag, hielt Stehn Anfang der dreißiger Jahre mehrere Gottesdienste in der Anstaltskirche ab. 1932/33 predigte Pastor Stehn dort sogar fast ganz alleine, dann übernahm Tolzien jedoch wieder mehr Gottesdienste. Zum Beispiel sah die Verteilung Ende 1934 bis Anfang 1935 wie folgt aus:

Datum		Name
04.11.34	-	Stehn
21.11.34	-	Tolzien
02.12.34	-	Tolzien
16.12.34	-	Stehn
24.12.34	-	Tolzien
25.12.34	-	Stehn
01.01.35	-	Tolzien

Die meisten Gottesdienste in der Anstalt fanden um 08:30 am Morgen statt.

Aus einem Schreiben von Pastor Gottfried Kölbing vom 12.7.1935 an das Landeskirchenamt geht hervor, dass in der Nähe der Heil- und Pflegeanstalt eine neue Siedlung entstehen sollte, für die Kölbing in Absprache mit dem amtierenden Bischof Tügel vorschlägt, einen neuen Geistlichen zu berufen, der auch für die Anstalt verantwortlich sein sollte.[68] Mit dem Bau einer neuen Kirche um 1938 direkt beim Ochsenzoll wurde dieser Vorschlag realisiert und es kam ein weiterer Pastor nach Langenhorn. Die neue Kirche sollte naheliegender

Weise St. Jürgen heißen, da sich diese, wie auch die Anstalt, auf dem ehemaligen Gelände des Klosters St. Georg befand. Jürgen ist der plattdeutsche Name für Georg. St. Georg war der Sage nach ein Drachentöter. Der Name symbolisiert Stärke. Die Bauweise war typisch für die Nationalsozialisten. Der Turm wurde von dem Architekten Gerhard Langmaak ähnlich dem Turm einer Festung gebaut. Der Name des neuen Pastors war Helmut Herrmann Johannes Horn.[69]

Helmut Herrmann Johannes Horn wurde am 7.12.1897 in Neustrelitz in Mecklenburg geboren. Sein Vater, Karl Horn, war letzter Senior der Hamburgischen Landeskirche und Hauptpastor in St. Jacobi. Bevor er nach Langenhorn kam, war der junge Horn Vikar in der evangelisch-lutherischen Kirche St. Markus (Hamburg-Hoheluft) mit Pastor A. Clausen als ausbildendem Theologen. Beide Examen, die man absolvieren und bestehen musste, um Pastor in einer protestantischen Kirche zu werden, bestand Helmut Horn mit gut oder sehr gut.

Während seines Vikariats in der St. Markus Kirche leitete er zunächst die Mädchengruppe der Kirche, bevor die Leitung des Kindergottesdienstes und zuletzt die Konfirmandengruppen hinzu kamen. Die Arbeit in den Konfirmandengruppen beschrieb er als belastend und schwierig, da es besonders in der Jugendgruppe einige, wie er sie nannte, „Chaoten" gab. Er mochte die pädagogische Arbeit offenbar dennoch gern.

Schon früh hatte er auch die Möglichkeit, sich seelsorgerisch in anderen Gemeinden und Krankenhäusern wie in Hamburg-Bergedorf und auf dem Land zu betätigen. Auch diese Arbeit bedeutete ihm offenbar viel. Von anderen Pastoren (Koopmann,

Voss) wurde er außerdem zu gelegentlichen Aufgaben wie Vorträgen im Männerverein herangezogen. Es ging oft um Themen mit Nähe zur nationalsozialistischen Ideologie, die unmittelbaren Bezug zu Hitler und den Konflikten und Fragen der damaligen Zeit darstellten (z.B.: Vortrag: „Das weltanschauliche und soziale Problem im Ring der Nibelungen von Richard Wagner").[70] Laut seiner Entnazifizierungsakte (Fragebogen für Geistliche) war Horn nach eigenen Angaben 1934 Mitglied der "Deutschen Christen" geworden, dort aber bereits ein Jahr später wieder ausgetreten, "als die antichristliche Haltung des Nationalsozialismus offenbar wurde".[71]

Daneben verfügte er offenbar über besonderes gesangliches Können, welches er in Konzerten zeigte. Ab dem Winter 1934/35 durfte Horn dann auch an den Sitzungen des Pfarramts teilnehmen.[72] Ab dem 1. Mai 1936 wurde Horn Hilfsprediger in Langenhorn (Kirche St. Ansgar).[73] Am 5.7.1936 wurde Horn von seinem Vater ins Amt des Pastors ordiniert und am 17. Februar 1937 zum Pastor der Kirchengemeinde Langenhorn berufen. Den Dienst dort trat er am 1. Mai 1937 an.[74] Aus diesem Jahr gibt es einen Aktenvermerk, dass Horn "die Geistlichen um Mitteilung der Anschriften solcher Gemeindeglieder, die als Patienten in die Staatskrankenanstalt Langenhorn eingeliefert worden sind", bittet.[75] Laut seiner Entnazifizierungsakte hat er am 18.5.1938 "den Treueeid auf Adolf Hitler geleistet, dem Erlass von Dr. Werner gemäß".[76]

Pastor Helmut Horn war also ein Mann mit musikalischem Hintergrund und Interesse an pädagogischer und seelsorgerischer Arbeit. Er konnte gut reden und predigte oft sogar gänzlich frei.[77] Horn war nach seinen Angaben weder in der NSDAP, der SA noch in anderen nationalsozialistischen Gruppen Mitglied[78], obwohl es nicht unüblich war, dass auch Pastoren solchen angehörten, wie zum Beispiel Horns Alsterdorfer Kollege Pastor Lensch, der Mitglied der SA und dort sogar Oberscharführer war und der „Nationalsozialistischen Volkswohlfahrt" und der „Deutschen Arbeitsfront" angehörte. Auch andere Pastoren und Geistliche aus Hamburg wie Knut Schümann gehörten der SA an.[79]

Zur Person Horns ist weiter zu sagen, dass sein Vater Hauptpastor an der Hauptkirche St. Jacobi und letzter kirchenleitender Senior in der Hamburger evangelisch-lutherischen Kirche war, der aufgrund seiner eher liberalen Einstellung nach Machtübernahme der Nationalsozialisten abgesetzt worden war. Studienleiter von Pastor Horn war der durch die Nationalsozialisten ins neue Amt eingeführte Generalsuperintendant und stellvertretende Landes-bischof Theodor Knolle, der sich gegen die Eingliederung der Hamburgischen Kirche in die Reichskirche gewandt hatte und deshalb Anfang 1934 von seinem Amt als Generalsuperintendent zurückgetreten war, um daraufhin der Bekennenden Kirche beizutreten.[80] Beide diese für Pastor Horn sicher sehr prägenden Personen hatten also einen hohen Preis für ihren Widerstand gezahlt. Anders als Theophil Wurm hat sich Horn trotz der Erkenntnis, dass sich Nationalsozialismus und Christentum nicht miteinander vereinbaren lassen, weder offen gegen die Machthaber und die Verbrechen, die auch vor Horns Augen in der Staats- und Heilanstalt begangen wurden, Stellung bezogen noch ist er einer "Anti-Nazi-Organisation" beigetreten.[81]

In welcher Form hat die Kirche in der Anstalt gehandelt?

Wie bereits zuvor erläutert, wurden in der Heil- und Pflegeanstalt Patientendaten sowohl im Rahmen der Aktion „T4" als auch im Rahmen des „Reichsausschusses" erfasst. Von 1939 bis 1945 wurden um die 4000 Erwachsene in die Umlandsanstalten oder in den „Osten" in Tötungsanstalten verlegt. 70% der Betroffenen überlebten die Torturen und die „Behandlung" dort nicht. Unter den Opfern befanden sich bis 1943 auch 22 Kinder, die direkt in Langenhorn oder in anderen Kinderkliniken den Tod fanden.

Wie hat aber die Kirche auf die Vorgänge reagiert? Gab es Proteste?

Aus Akten lässt sich lesen, dass der Pastor der St. Jürgen-Kirche (Pastor Horn), in deren Einzugsgebiet die Heil- und Pflegeanstalt Langenhorn lag, regelmäßig Predigten in der Anstalt gehalten haben muss. Aus einer Akte geht hervor, dass Pastor Horn zur Vorbereitung der Hostien Listen derjenigen Patienten vorgelegt wurden, die zum Gottesdienst kommen wollten. Horn stand also keiner „anonymen" Menschenmenge gegenüber, sondern kannte Namen zu den Besuchern seiner Gottesdienste. Inwiefern Opfer des „Euthanasieprogramms" unter den Gottesdienstbesuchern waren, haben wir nicht feststellen können. Es stellt sich aber die Frage, ob man als Besucher der Anstalt nichts von den Vorgängen und den Patienten mitbekommen hat.

Rechnet man die Anzahl von 4000 Patienten, die dem „Euthanasieprogramm" unterlagen und sich zur „Behandlung" in der Anstalt befanden, auf dessen

Dauer um, lässt sich schließen, dass jedes Jahr durchschnittlich 666 Betroffene in der Anstalt lebten. Da diese circa 2000 Bettenplätze umfasste, war auch unter Berücksichtigung von Überbelegung demnach mindestens jeder Vierte Insasse Opfer der Aktion T4.

Ein Opfer der Euthanasie in Langenhorn, Fritz Niemand, der noch 1944 in die Tötungsanstalt von Meseritz-Obrawalde (früher Schlesien, heutiges Polen), verlegt worden war und überlebte, berichtete 1990 in einem Interview mit Michael Wunder von seiner Zeit in der Heil- und Pflegeanstalt.[82] Da Niemand draußen bei der Arbeit mehrmals versagt habe, habe er als „Schlappmacher" gegolten und wurde deshalb zur Arbeit in der Plättstube herangezogen. Demzufolge kann davon ausgegangen werden, dass auch Euthanasiepatienten auf dem Gelände zum kräftezehrenden Arbeitseinsatz kamen. An die Situation in der Anstalt erinnert sich Niemand wie folgt: „Laufend waren Patienten in Zellen, besonders die Gebrechlichen und Kranken, aber auch solche, die nicht arbeiten wollten. Es hieß aber immer, die hätten ansteckende Krankheiten und wir dürften das Essen, was da herausgetragen wurde, nicht anrühren. Das fiel uns schwer, weil wir haben gehungert, dass die Schwarte knackt."[83]

Es erscheint schwer vorstellbar, dass Pastor Horn diese ausgemergelten Gestalten, ob auf dem Gelände oder in der Anstaltskirche, nicht aufgefallen sind. Es ist aber kein einziger Versuch durch Pastor Horn aktenkundig, diese menschenunwürdigen Bedingungen an-zuprangern oder gar zu beenden.

Laut Fritz Niemand war auch unter den „Häftlingen" bekannt, dass der Großteil der Deportierten nicht nach

Langenhorn zurückkehrte. Er berichtet davon, dass ihm Patienten, die schon länger in der Anstalt waren, erzählt hätten, dass die meisten Neuankömmlinge „nach Osten" kämen. Sie berichten zudem, dass dort die Pfleger die Patienten mit „Gewehr bei Fuß" bewachen und später töten würden. „Mit diesem Wissen lebten wir in Langenhorn", so Niemand und berichtet von Angstzuständen: „Das ganze Milieu war so gehalten, dass man sich minderwertig vorkommen musste, lebensunwert, überflüssig. Ich hatte gar kein Wertgefühl mehr. Ich habe natürlich versucht, mich von der besten Seite zu zeigen und nicht aufzufallen. Aber es nütze nichts."[84]

Auch wenn den Besuchern der Gottesdienste sehr wahrscheinlich zuvor eingeschärft worden sein dürfte, dem Pastor gegenüber nichts von den Zuständen in der Anstalt zu äußern, können die körperlichen und seelischen Nöte Pastor Horn eigentlich nicht entgangen sein. Auch zu diesem Punkt findet sich keinerlei Auflehnung Horns gegenüber der Anstalt oder dem Gesundheitsamt.

Ob Pastor Horn etwas mit den 66 Kindern zu tun hatte, die von 1939 bis 1943 in der Heil- und Pflegeanstalt „behandelt" wurden, ist aus der Aktenlage nicht ersichtlich. Die hohen Geheimhaltungsvorkehrungen um die Kinderstation lassen hier keine Vermutungen zu.

Was war in Langenhorn über das Euthanasie-Programm bekannt?

Wie oben erwähnt, wurden die Patienten im Rahmen der Selbstversorgung zu harter körperlicher Arbeit herangezogen. Dabei muss es mehrfach zu

Misshandlungen gekommen sein, sodass Angehörige sogar versuchten, ihre Kranken von dort zu verlegen.[85] In einem Fall muss ein Patient H., der geistig und körperlich sehr geschwächt war, von einem Pfleger durch Stiefeltritte gegen Rippen und Kopf lebensgefährlich verletzt worden sein. Dieser Fall kam zur Gerichtsverhandlung. Der Pfleger erhielt daraufhin eine dreiwöchige Gefängnisstrafe mit Bewährung.

Selbst wenn unter den Patienten keine Bewohner Langenhorns waren, deren Angehörige Kenntnis von den Misshandlungen in der Anstalt hatten, könnte man sich vorstellen, dass die Schreie der Misshandelten und der prügelnden Pfleger sowohl vom Personal als auch von Langenhornern gehört werden konnten.

Darüber hinaus stellt Michael Wunder in seiner Arbeit fest, dass unter den Patienten, die nicht in andere Anstalten verlegt oder selektiert wurden, „Patienten mit besonders hervorgehobenen und guten Angehörigen-Kontakten" waren.[86] Auch diese müssen nicht in Langenhorn gelebt haben, aber in Kombination mit den Aussagen von Fritz Niemand muss die Anstalt einen eindeutigen Ruf gehabt haben, dass dort Patienten misshandelt und deportiert wurden. Es ist unwahrscheinlich, dass dieser Ruf in Langenhorn nicht bekannt war.

Bei einem Besuch in Hamburg im Spätherbst 1940 soll Hans Hefelmann laut Obersenatsrat Kurt Struve dem Plan einer direkten Tötung von Erwachsenen in Hamburg eine Absage erteilt haben, die der damalige Gesundheitssenator Friedrich Ofterdinger wie folgt begründete: "jeden Mittwoch und Sonntag [sei] ein Pilgerzug von Angehörigen nach der Anstalt Langenhorn [gegangen] und die Verbindung der

Geisteskranken mit der Außenwelt sei so eng, dass die Euthanasie nur Missstimmung unter der Bevölkerung hervorrufen würde".[87] Diese beschriebenen "Pilger-züge" können der Langenhorner Bevölkerung nicht entgangen sein. Ob es zu einem Informationsaustausch zwischen Bevölkerung und Angehörigen kam, ist nicht belegbar, aber auch nicht unwahrscheinlich.

In dem oben erwähnten Schreiben des Pastors Kölbing vom 21.6.1935 stellt dieser im Rahmen der Idee für einen weiteren Geistlichen dar: "Der Betreffende müsste dann in der neuen Siedlung wohnen, und hätte zugleich unter seinen Gemeindegliedern eine ganze Anzahl der in der Anstalt tätigen Menschen."[88] Demzufolge müssen Bewohner Langenhorns also in der Anstalt gearbeitet haben. Ob es diesen verboten war, über die Zustände in der Anstalt mit anderen Bewohnern des Stadtteils zu sprechen, ließ sich nicht herausfinden.

Abschließend stellt sich die Frage, was mit den Toten der Anstalt passiert ist. Laut Fritz Niemand wurden diese in Zinksärgen abtransportiert.

Umfrage zum damaligen Geschehen

Gleich zu Anfang der Arbeit hatten wir uns vorgenommen, zu erforschen, was eigentlich die Bürger zu dem Thema der Euthanasie wissen und was sie nicht wissen. Leider muss man dazu sagen, dass diese Umfrage nicht repräsentativ ist, aber doch immerhin einen Eindruck davon wiedergibt, inwiefern die Menschen in Langenhorn und Umgebung über dieses Thema aufgeklärt sind. Da die „Alsterdorfer Anstalten" allein dadurch, dass sie heute noch bestehen, wesentlich bekannter sind, haben wir auch diese in unsere Umfrage miteinbezogen. Es war uns wichtig zu erfahren, ob die Teilnehmer der Umfragen generell Kenntnis über das Euthanasieprogramm der Nationalsozialisten in Hamburg hatten, und im Speziellen wussten, dass auch Langenhorn Teil dieses Programms war. Das war für uns umso spannender, als dass es nur ein Buch zu der Heil- und Pflegeanstalt Ochsenzoll und selten in der „Woche des Gedenkens" eine Veranstaltung zu diesem Thema gibt. Das bedeutet, dass es kein Museum und nur sehr wenig Literatur zu der größten Verlegungsanstalt der Euthanasie in Hamburg gibt.

Da wir aufgrund dieser sehr mangelhaften Voraussetzungen für eine breitere Aufklärung bei der Langenhorner Bevölkerung kaum tiefere Kenntnisse erwarten konnten, haben wir in unserer Umfrage auch um eine persönliche Meinung zu einigen Fragen gebeten.

Für die Geistlichen in Langenhorn haben wir eine Umfrage entworfen. Leider war die Anzahl der Rückläufer so gering, dass es sich nicht lohnt, diese zu erwähnen.

Umfrage:
Was denken die Bürger zum damaligen Geschehen?

Das Alter der Befragten liegt zum größten Teil zwischen dreißig und sechzig Jahren. Wir haben die Altersgruppen so eingeteilt, dass sie in etwa einer Generationeneinteilung entspricht. Menschen, die über 75 Jahre alt sind, können als Zeitzeugen gelten. Von ihnen waren andere Antworten zu erwarten als bei den nachfolgenden Generationen. Das Geschlecht der Teilnehmer ist weitgehend gleichverteilt. Unter den

Befragten gibt es nur eine Frau mehr als Männer.

Frage: Wussten Sie, dass es Euthanasie in Ochsenzoll gab?

Von den Befragten 43 Personen antworteten 18 mit „ja", 21 mit „nein", der Rest enthielt sich. An diesem Ergebnis sieht man, dass die Bevölkerung in Langenhorn über die Verbrechen in ihrem eigenen Stadtteil nicht gut aufgeklärt ist. Wir fragten die Teilnehmer darüber hinaus, ob ihnen Einzelheiten bekannt seien. Heraus kam, dass viele der Menschen, die angaben, etwas zu wissen, kein belegbares Detailwissen besitzen.

Wir haben diese Fragen ebenfalls zu den „Alsterdorfer Anstalten" gestellt, da zu diesen wesentlich mehr Dinge bekannt sind. Entgegen unseren Erwartungen wussten die Teilnehmer der Befragung aber weniger zu Alsterdorf als zu Ochsenzoll. 15 Personen bejahten die Frage, 24 verneinten sie, es gab nur eine Enthaltung.

Dies ist ein wirklich erstaunliches Ergebnis, da es deutlich mehr Literatur und auch Veranstaltungen zum Euthanasieprogramm in den „Alsterdorfer Anstalten" gibt als zu der „Heil- und Pflegeanstalt Langenhorn".

Allgemeines

In diesem Bereich haben wir die persönliche Meinung der Teilnehmer abgefragt. Hier wird auch das Alter der Befragten interessant. Die erste Frage lautete: „Denken Sie, dass sich Euthanasie (auch Sterbehilfe) und der christliche Glaube vereinbaren lassen?" Hier haben 7 Befragte für ein „Ja" gestimmt und 33 Befragte für „Nein". Dieses "Nein" wurde häufig damit begründet, dass das 5. Gebot der Christen das Töten verbietet.

Außerdem besteht immer noch die Angst, dass der christliche Glaube wieder so missbraucht werden könnte, wie es im Dritten Reich der Fall war. Häufig war auch die Aussage, dass laut christlicher Lehre Gott Leben gibt und nur dieser es auch wieder nehmen darf. Von den wenigen Menschen, die für ein „Ja" gestimmt haben, wurde oftmals dazu geschrieben, dass Sterbehilfe für Schwerkranke nur auf ausdrücklichen und unzweifelhaften Wunsch des Einzelnen passieren dürfe. Dann wäre die Tötung ein Akt der Nächstenliebe und somit mit den christlichen Überzeugungen im Großen und Ganzen zu vereinbaren.

Die nächste Frage lautete: „Halten Sie es für möglich, dass Teile der Kirche die Euthanasie der Nationalsozialisten auch heute noch dulden wenn nicht sogar unterstützen würden?"

Bei dieser Frage haben besonders die älteren Teilnehmer mit „Nein" gestimmt. Diese geben als Begründung an, dass sie nur hoffen, dass die Kirche aus den Ereignissen der NS-Zeit gelernt habe. Eine Person hat sich mit einer mutigen Begründung enthalten: diese Person sagt, dass sie es der protestantischen Kirche durchaus zutrauten würde, da diese nicht so dogmatisch und rigide in ihren Überzeugungen sei. Da sei die katholische Kirche standhafter.

Mehrere derer, die mit „Ja" gestimmt haben, haben gesagt, es gäbe nichts, was es nicht gäbe. Es habe schon immer dunkle Machenschaften in der Kirche gegeben, die es auch immer weiter geben wird. Es wäre nicht die erste erstaunliche Bibelauslegung der Kirche. Eine andere Begründung war, dass es radikale und extreme christliche Gruppierungen gibt, die so etwas sicherlich gutheißen würden. Außerdem wäre die christliche Kirche nicht immer ehrlich.

Wir haben mit der Frage abgeschlossen, inwiefern die Menschen denken, dass die Kirche dieses Thema ausreichend aufgearbeitet habe.

Bei diesem Punkt haben die meisten Teilnehmer mit „Nein" gestimmt. Laut Pastor Wolfgang Peper kann man jedoch eigentlich nicht sagen, dass die gesamte Kirche das Thema der Euthanasie zu wenig aufgearbeitet hat. Es gibt laut seiner Aussage Kirchengemeinden, die dieses Thema sehr gut aufgearbeitet haben, und es gibt Kirchengemeinden, wo das Gegenteil der Fall ist. Gleiches gälte für die Pastorenschaft.

Schlussfolgerung

In dieser Arbeit stellten wir uns die Frage, welche Rolle die Heil- und Pflegeanstalt Langenhorn im Euthanasie-Programm des Dritten Reiches spielte, und was (evangelische) Kirche und Langenhorner Bevölkerung davon wussten und dagegen unternahmen.

Dass die nationalsozialistische Ideologie offen die Ausmerzung "unwerten Lebens" propagierte, war seit den späten 1920er Jahren bekannt. Ebenso wussten große Teile der deutschen Bevölkerung von der Existenz von Tötungsprogrammen an geistig Kranken. Das zeigen die Widerstandsaktionen im Reich der Jahre 1941 und 1942. Anders als beispielsweise bei den Deportationen von Juden in eigens dafür geschaffene Konzentrationslager, war der Bevölkerung klar, dass geistig kranke Menschen in psychiatrischen Kliniken, den "Heil- und Pflegeanstalten" untergebracht waren. In diesen Anstalten war es den Angehörigen der Patienten erlaubt, jene zu besuchen. Somit waren die Zustände in den Anstalten keinesfalls geheim. Lediglich das "Reichsausschussprogramm" fand unter höchster Geheimhaltung statt.

In Langenhorn war ein Teil der Bevölkerung in der Heil- und Pflegeanstalt beschäftigt. Das Anstalts-gelände grenzte an ein Wohngebiet. Patienten waren zur Außenarbeit gezwungen und dort offen den Misshandlungen der Pfleger ausgesetzt. Trotzdem ist keinerlei Widerstand aus der Bevölkerung überliefert.

Der Pastor der Kirchengemeinde St. Jürgen, Pastor Horn, war auch Anstaltsseelsorger und hatte regelmäßigen Zutritt zum Gelände. Laut eigener Aussage war er nur kurzzeitig Mitglied der "Deutschen Christen", die er verlassen haben will, da er sich mit deren rassischer Ideologie nicht identifizieren konnte. Ihm muss sowohl durch Berichte als auch durch eigene Erfahrung bekannt gewesen sein, dass in der Anstalt Menschen selektiert wurden, um in Tötungsanstalten deportiert zu werden. Von ihm ist kein offenes Wort des Widerstandes dokumentiert. Damit befand er sich in Gesellschaft der gesamten evangelischen Kirche Hamburgs.

Erstaunlich ist, dass dieses Thema, das den Stadtteil Langenhorn unmittelbar betrifft, heute in der Bevölkerung weitgehend unbekannt ist. Bestenfalls ist bekannt, dass dort Verbrechen stattfanden, kaum aber in welchem Rahmen. Das muss als Zeichen gewertet werden, dass anders als z.B. der Holocaust dieser Teil der nationalsozialistischen Verbrechen trotz wissenschaftlicher Aufarbeitung nur sehr unzureichend im Bewusstsein der Menschen angekommen ist. Angesichts der 200.000 Opfer, von denen immerhin 4.000 durch die Langenhorner Anstalt gingen, sollte diese Wissenslücke dringend geschlossen werden.

Arbeitsbericht

An dem Tag des offenen Denkmals in Hamburg, haben wir den Wasserturm der ehemaligen „Heil- und Pflegeanstalt Langenhorn" besucht. Diese „Heil- und Pflegeanstalt" existierte schon lange vor der NS-Zeit, wurde allerdings in der NS-Zeit für die „Aktion T4" verwendet.

Der Wasserturm und dieser Tag blieben uns im Gedächtnis, da wir in unserer Schule, dem Albert-Schweizer-Gymnasium, die Plakate des Geschichts-wettbewerbs sahen, mitwirken wollten und ein Thema suchten. Da uns das Thema der Euthanasie sehr spannend und in einigen Teilen noch unerforscht erschien (besonders in der Anstalt in Langenhorn), wollten wir mehr dazu erfahren. Da kam uns die Form des Geschichtswettbewerbs sehr gelegen, da wir dort Anleitungen bekamen und eine Tutorin uns dabei half, wirklich am Ball zu bleiben.

Jedoch fanden wir es nicht so interessant, nur in bereits geschriebenen Büchern zu recherchieren. Vielmehr fanden wir es spannend mit Akten zu arbeiten, Interviews zu führen und zu forschen, wie die Bevölkerung zu diesem Thema aus der näheren Vergangenheit steht. Diese Idee war viel elementarer als wir vermuteten, wie wir spätesten merkten, als wir mit fast leeren Händen aus den Bibliotheken zurückkamen. Zu unserem konkreten Thema, den

Geschehnissen in der Anstalt im Zusammenhang der Euthanasieprogramme während der NS-Zeit, gab es nämlich fast keine Literatur. Wir mussten also auf jeden Fall in Archiven nach Akten suchen, die Namen, Daten und Fakten zu dem Thema enthielten. Schon am Anfang hatten wir recherchiert, dass sich der Pastor unserer Kirchengemeinde, in deren Einzugsgebiet die Anstalt liegt, mit der Geschichte der Euthanasie beschäftigt hatte. Allerdings wussten wir da noch nicht so recht, wie wir Gott mit in dieses Thema einbeziehen sollten. Schließlich kamen wir aber auf die Idee: Wir wollten einen großen Schwerpunkt auf die Klärung der Frage legen, ob die Kirche in der Anstalt tätig war und was die Pastoren von den dortigen Vorkommnissen wussten. Außerdem mussten wir wissen, wie die Kirche die Euthanasieaktion mit Gott vereinbaren konnte, wobei wir uns schnell auf die Rolle der evangelischen Kirche beschränkten, da ein evangelischer Pastor in der Anstalt tätig war.

Zu allererst schauten wir also auf der Internetseite der Bücherhallen Hamburg nach möglicher Literatur. Wir fanden nichts wirklich Passendes. Also ging Florian in die Bibliothek und ließ sich beraten. Tatsächlich fanden wir Bücher über den Nationalsozialismus in Langenhorn und Umgebung sowie den Widerstand dort, doch zu der Heil- und Pflegeanstalt gab es nur sehr wenig Literatur. Auch im Internet und in der Hamburger Staatsbibliothek gab es nichts, das wirklich unser Thema, nämlich die Seelsorge in der Heil- und Pflegeanstalt Langenhorn, betraf. Nur ein Buch über diese Anstalt fanden wir, doch in diesem lag der Schwerpunkt auf dem Euthanasiegeschehen und nicht auf der Seelsorge. „Es ist ein dunkler Fleck, den ihr aufhellen werdet" sagte der Pastor Herr Peper von der St. Jürgen-Zachäus Kirchengemeinde.

Unsere Tutorin und Lehrerin Frau Dr. Urbanski gab uns zu allererst den Kontakt von Frau Dr. Meyer Lenz. Sie ist ehemalige Lehrbeauftragte der Universität Hamburg für europäische Geschichte, half uns, unsere Untersuchungsfragen noch genauer zu formulieren, und nannte uns Literatur, die uns grundlegend über das Thema der Euthanasie während der NS-Zeit informieren sollte. Also haben wir uns diese Bücher teilweise geliehen, teilweise gekauft und daraus einen ersten Eindruck über das Thema Euthanasie gewonnen. Wir merkten aber langsam, dass es zu wenig Stoff gab, um unser Thema alleine über die Seelsorge zu schreiben. Also einigten wir uns darauf, auch über die Anstalt zu berichten. Wir hielten das sowieso für nötig, da wir auch einen generellen Überblick über die Anstalt und das Thema Euthanasie schaffen wollten. Wir wollten trotzdem die Seelsorge als unseren zentralen Punkt aufrecht erhalten, da unsere Arbeit ansonsten zu sehr von dem diesjährigen Thema des Geschichtswettbewerbs „**Gott** und die Welt" abgewichen wäre.

Auf Basis dieses Grundwissens erstellten wir Umfragebögen und fingen an, diese zu verteilen mit dem Ziel, von möglichst vielen Bewohnern Langenhorns, aber auch von Menschen, die aufgrund ihres hohen Alters noch Zeitzeugen sind, zu erfahren, was sie über die Euthanasieprogramme wussten und wie sie die Rolle der Kirchen in diesem Zusammenhang bewerteten. Der Erfolg der Umfrage war leider gering. Uns erreichten nur wenige Rückläufer, die überdies oftmals nicht vollständig ausgefüllt waren. Besonders an Begründungen fehlte es oft. Das demotivierte uns zunächst sehr. Doch die Vorfreude auf die Besuche in den Archiven gab uns wieder Auftrieb. Wir waren sehr aufgeregt, da wir noch nie zuvor ein Archiv besucht hatten. Das stellte sich zum Glück als sehr einfach heraus. Man bekam Akten, einen Bedienungshinweis und musste ein paar Zettel unterschreiben. Dann konnte man anfangen. Von den sehr wichtigen Akten machten wir Kopien, bei anderen schrieben wir Stichwörter auf. Außerdem verteilten wir immer noch weiter Umfragen.

Im November führten wir ein Gespräch mit Holger Tilicki von der „Willi Bredel Gesellschaft Geschichtswerkstatt e.V.", wo wir noch mehr Literatur und Hinweise bekamen. Ein weiteres Interview fand mit Pastor Peper statt, dem bereits erwähnten Pastor an der evangelisch-lutherischen Kirchengemeinde St. Jürgen-Zachäus in Langenhorn. Er hat vor kurzem ein Sabbatjahr genommen und sich in diesem intensiv mit dem Thema Euthanasie beschäftigt. Mit seinem gesammelten Wissen war er eine große Hilfe und konnte uns gute inhaltliche Hinweise geben. Pastor Peper gab uns auch noch den Namen eines der wenigen noch lebenden Zeitzeugen. Leider gelang es uns nicht, mit diesem in Kontakt zu treten.

Auf unserer Aktensuche fanden wir zu unserem erweiterten- und Kernthema, nämlich der Anstalt und der Seelsorge und Rolle der Kirche in dieser einiges. Zuerst forschten wir im Kirchenarchiv der St. Ansgar Kirche, die sich ebenfalls in Langenhorn, unserem Stadtteil, befindet. In einem alten Kirchenvorstandsbuch konnten wir den Namen desjenigen Pastors finden, der während der NS-Zeit für die Anstalt verantwortlich war. Daraufhin gab unsere Lehrerin uns einen Kontakt, der uns schließlich über einige Umwege zum Landeskirchlichen Archiv in Kiel führte. Unsere Fahrt nach Kiel war von Erfolg gekrönt: dort bekamen wir die meisten Akten zu unserem Kernthema und eine Biografie zu dem dort predigenden Pastor. Des Weiteren schauten wir im Staatsarchiv Hamburg wo wir noch weitere Funde machten, die uns ebenfalls weiterhalfen, da sie unser Kernthema aber auch unser erweitertes Thema betrafen.

Trotz der vielen Quellen, die wir schlussendlich vorliegen hatten, konnten wir nicht endgültig herausfinden, welche Rolle Pastor Horn wirklich spielte und ob er überhaupt davon wusste, dass diese Anstalt eine Verlegungsanstalt des Euthanasieprogramms war. Da das Euthanasieprogramm der Nazis und die Unterbringung von Euthanasiepatienten in Heil- und Pflegeanstalten landesweit bekannt war, die Patienten der Heil- und Pflegeanstalt Langenhorn offenkundig sehr schlecht behandelt wurden und auch über Alsterdorf bekannt war, was mit den Menschen passierte, erscheint es uns sehr wahrscheinlich, dass Pastor Horn nicht unwissend gewesen sein konnte. Trotzdem hat er nie offen dagegen Stellung bezogen, wie viele andere Pastoren und kirchliche Würdenträger auch.

Marathonlaufen – Nachlese

von Kurt Rohde im Sommer 2017

Marathonsonntag im April in Hamburg. Am U-Bahnhof Ochsenzoll stehen schon einige Marathonis mit ihren Kleiderbeuteln im Logo des Veranstalters auf dem Weg zum Start an den Messehallen. Ich bin ebenfalls um kurz nach sieben Uhr dabei. Zum x-ten Mal. Eine ziemlich unruhige Nacht liegt hinter mir. Ständig gingen Fragen durch den Kopf und immer sind sie ähnlich. Habe ich genug trainiert, werde ich meine Bestzeit verbessern, treffe ich Familie und Freunde an den Stellen der Strecke, an denen wir uns verabredet haben, wie wird das Wetter? Um 9.00 Uhr ist der Start, gegen 12.30 Uhr kenne ich die Antworten – so war es bei jedem Marathon.

Am Stephansplatz ist die Gruppe der Marathonis, die aus der Bahn aussteigen und sich auf den Weg zum Start machen, auf ein großes Feld angewachsen. Meine Marathonbekleidung ziehe ich auf einer Parkbank in Planten un Blomen an. Ist es warm genug für kurzärmelig oder doch besser mit einer wärmenden Oberbekleidung? Der Plastikbeutel mit Duschzeug und den Klamotten für nach dem Lauf wird an der Kleiderbeutelabgabe hinterlegt. Man bekommt ihn nach dem Rennen gegen Vorlage der Startnummer wieder. Kein Problem, die hat man immer noch auf dem Renn-T-Shirt mit Sicherheitsnadeln befestigt.

Nun ist das Einlaufen angesagt. Zwischen den Blumenbeeten laufen schon viele Teilnehmer, ich geselle mich dazu. Ca. 10 Minuten müssen es schon sein, um auf Betriebstemperatur zu kommen, Dehnübungen komplettieren die Vorbereitung, dann stelle ich mich in eine der Schlangen vor den fast 60 Dixi-Klos. Ich möchte nicht unterwegs wegen eines dringenden Bedürfnisses die Strecke verlassen müssen. Nun zum Start. Alles ganz entspannt, wirklich? Wir laufen mit Chip am Fuß, damit wird die Nettozeit gemessen. Die fünf oder mehr Minuten, die vergehen, bis man über die Startlinie kommt, zählen nicht. Das war mal anders, da wurde geschoben und gedrängelt und jeder wollte gern direkt hinter den Favoriten stehen, um die alte Bestmarke dieses Mal zu unterbieten.

1986 hieß der Marathon noch hanse-marathon, dann shell-, hansaplast-, Olympus-, Conergy-, Möbel Kraft- oder Haspa. Was steht heute auf der Startnummer?

Nun zählen wir Läufer herunter: 10-9-8-7-6-5-4-3-2-1- los! Hackmann, Grote oder welcher Senator für den Sport im Augenblick in Hamburg zuständig ist, schießt mit der Startpistole das Läuferfeld auf die Strecke, oder war es dieses Mal Emil Zatopek, die Lokomotive aus Prag? Ab geht es auf die 42,195 km lange Strecke. Erst einmal an den Messehallen vorbei und dann Richtung Reeperbahn. Die Tanzenden Türme grüßen, es stehen die Prostituierten an der Strecke und applaudieren den Spitzenläufern. Wenn ich komme, sind sie schon wieder weg. Bei Kilometer 1 steht 6:20 auf meiner Laufuhr, noch ist der Rhythmus nicht gefunden, noch ist das Läufergewusel zu groß. Kilometer 2, 5:10 für den zweiten Kilometer, es läuft. Rechts und links von mir haben sie auch den Rhythmus gefunden. Jetzt durch Altona am weißen Rathaus vorbei, gewendet wird am Halbmondweg und zurück auf der Elbchaussee. Ab und zu ein Blick auf die Elbe oder auch eine Villa fällt ins Auge. Das Publikum – wie immer – in Höchstform. Anfeuerungsrufe, Beifall, Lärm mit den Rasseln der Sponsoren, Transparente wie „Werner, du schaffst das!" oder „Papa, lauf schneller!" Auf Balkonen wird gefrühstückt und dabei den Marathonis zugeschaut. Zur Unterstützung wird Pop-Musik laut aufgedreht. Ich strenge mich an. Versuche meinen Laufplan zu halten. Erst einmal will ich nach einer Stunde bei Kilometer 12 bis 13 sein. Das heißt, die Elbchaussee liegt hinter mir, Fischmarkt und Landungsbrücken sind ebenfalls erreicht und ich nähere mich der Hafencity. 1986 kannte noch keiner die Idee einer Hafencity, geschweige denn einer Elbphilharmonie, dann aber wurde gebaut und immer wieder die Streckenführung geändert. Meinen Laufplan habe ich mir nach fast 1000 Trainingskilometern und mehreren Testrennen zwischen 10 km und Halbmarathondistanz zurechtgelegt. Auch Testrennen in Ortschaften mit längerer Anreise – wie zum Deister, nach Oldenburg oder nach Ratzeburg wurden absolviert, denn ich wollte schon das Rennfieber genießen. Bei Kilometer 15 kommt die Wallfahrt durch den Wallringtunnel in Richtung Binnenalster. Mehr als ein Drittel der Strecke ist geschafft. Jetzt wird es langsam warm oder es bleibt zu kühl und zu windig. Wind ist Gift für die Läufer und leider in Hamburg häufig anzutreffen. Wird es eine gute Endzeit oder muss ich jetzt schon auf das nächste Jahr hoffen? Habe ich genug trainiert oder wird es schwierig, laufend ins Ziel zu kommen? An der Binnen- und Außenalster fällt die Vorentscheidung. Erst einmal Ballindamm, dann Jungfernstieg, vorbei am Vier Jahreszeiten und hinauf auf die Lombardsbrücke. Dort platziert sich immer Susanne. Ein Blick genügt und wir wissen, wie es heute wohl ausgehen wird. Sie kennt meine Renntabelle und kann zum Ende hin hochrechnen. Außerdem, ist mein Gesichtsausdrück unbeschwert oder schon sehr angestrengt? Beim amerikanischen Konsulat (Kilometer 40) sehen wir uns in knapp zwei Stunden wieder. Wenn ich meine Frau passiert habe, geht sie schon mal rüber in Richtung Konsulat, denn dort wird gleich die Spitze des Feldes vorbei kommen.

Nun kommt der wunderschöne Blick über die Außenalster – auch Läufer haben daran ein Interesse. Überhaupt, die Laufstrecke in Hamburg ist eine der schönsten. Berlin, London und auch New York kommen da nicht mit. 25 km von Greenwich bis zur Tower Bridge – keine einzige der Sehenswürdigkeiten Londons liegt neben dieser Streckenführung. Einzig die Marotten der Londoner sorgen für Abwechslung, z. B. der Waiter aus dem Pub, der den Läufern ein Tablett mit gut gefüllten Biergläsern hinhält. Und in New York ist es der Start auf der Verrazano-Brücke auf zwei Etagen, der großen Eindruck macht. Aber sonst: Hamburg hat mehr zu bieten.

Beim Halbmarathon an der Blauen Moschee weiß man, noch einmal so viele Minuten und weitere zehn Minuten hinzu. Dann hat man es geschafft. Schneller werde ich nicht auf dem zweiten Teil der Strecke. Jetzt heißt es gleichmäßig weiter laufen. 1990 bis 94 lief es besonders gut. Finisherzeit um die drei Stunden und zehn Minuten. Da wusste ich aber auch, die Traumgrenze von drei Stunden ist für mich nicht zu knacken, ein intensiveres Training wird daran nichts ändern. Also, nur noch gut aussehen ist die Devise und den Lauf genießen. Nun kommt die große Fete mit viel Musik in der City-Nord, mein Heimspiel am Hasenberge, dort feuert TuS Alstertal ihren langjährigen Vorsitzenden an. Nun noch einmal Pflaster treten auf der ellenlangen Alsterkrugchaussee und die Tarpenbekstraße mit den wenigen Zuschauern. Alle Läufer warten auf das Highlight: Eppendorfer Baum. Hier wird es eng, die Zuschauer stehen dicht gedrängt, Kinder klatschen ab, aufmunternde Worte, wie: „nur noch fünf Kilometer" – aber die haben es in sich. Bloß nicht stehen bleiben. Dann kommen die Wadenkrämpfe. Habe ich früh genug und auch reichlich getrunken, das ist vor allem bei den Hitzeschlachten, die es in Hamburg auch schon im April gibt, wichtig. Bei Kilometer 40 steht ein weiteres Mal Susanne. An ihrem Gesicht kann ich dieses Mal ablesen, wie ich mich fühle. Entweder noch gut 10 Minuten und dann ist erfolgreich das Ziel erreicht oder mit Sicherheit weit mehr als 10 Minuten und das mit der letzten Kraftanstrengung. Auf den letzten Kilometern gehen mir vergangene Erlebnisse durch den Kopf. Kilometer 40 im Central Park am ersten November 1992, einige Tage bevor Clinton ins Amt des Präsidenten der USA gewählt wird. Ich laufe im hügeligen Gelände auf zu Walter Schröder, Ruderolympiasieger im Karl-Adam-Achter in Rom. Wir kennen uns aus einem Sportausschuss des Hamburger Sport Bundes und wussten beide nicht, dass wir in New York am Start waren. Nun laufen wir gemeinsam über die Ziellinie. Berlin 1990, als das Läuferfeld das erste Mal unter dem Brandenburger Tor durchlaufen konnte. Hamburg 1991. Am Abend vor dem Marathon beim Pastaessen sagt mir mein Schwager, beim amerikanischen Konsulat hole ich dich ein. Und so war es. Aber kurz nach der Uni in der Edmund Siemers Allee laufe ich wieder zu ihm auf und überhole ihn und bin 15 Sekunden vor ihm im Ziel – mein persönliches Highlight. Mit ihm habe ich mindestens 300 Trainingskilometer vor dem Marathon absolviert und bei allen Läufen bin ich nie vor ihm im Ziel gewesen. Auch beim Training im Duvenstedter Forst war er immer einen Schritt vor mir. Wenn ich näher kam hat er das Tempo forciert. So ließ ich ihn an der Spitze und er hat immer geglaubt, dass ich mich nicht bis an den Rand meiner Kräfte auspowerte.

Ich aber wollte immer auch die letzten Kilometer eines Laufes genießen, die Anfeuerungsrufe des Publikums bewusst wahrnehmen, die Kommentierung des Zieleinlaufsprechers hören und mit leichten Beinen die letzten Meter ablaufen. Nur 2013 war es anders. Nicht unter 4 Stunden wie geplant sondern 20 Minuten länger bin ich auf der Strecke. Sogar einige Meter bin ich gegangen. Also:

War´s das? Das war´s, einen weiteren Marathon wird es nicht geben. Nach 19 Läufen und Starts auch in Berlin, London und New York ist jetzt Schluss. Ich möchte ja nicht vom Besenwagen aufgesammelt werden.

... und läuft und läuft
von Susanne Rohde im Herbst 2017

Im Sommer 1985 beschloss Kurt, am ersten Marathonlauf in Hamburg teilzunehmen. Diese Ansage hatte Folgen.

Es war nicht so, dass ich dieser Unternehmung ablehnend gegenüber stand, nein, auch ich war ein wenig vom Laufbazillus infiziert. Joggen ist eine wunderbare Sache. Das habe ich gespürt, als ich damit anfing. Zunächst nimmt man sich vor, 20 Meter zu laufen und dann 10 Meter zu gehen und wenn man einen Kilometer geschafft hat, ist man ganz stolz. Wird dann fleißig weiter trainiert, merkt man schon nach wenigen Tagen, dass es leichter wird. Und plötzlich braucht man keine Pausen mehr, man läuft einfach weiter. Welch ein Gefühl! Und erst am Strand!

Ich laufe an der Wasserkante entlang, dort, wo der Sand ganz fest ist, wo manchmal auch etwas Wasser hochspritzt. Schnell liegen die Strandkörbe zurück, Spaziergängern begegnet man nur noch selten, und ich glaube, ich habe Luft, um bis zum Horizont zu laufen.

Kurt wollte nun aber 42 Kilometer laufen. Das ist eine andere Sache als Freizeitjoggen. Die Entscheidung war gefallen, im Frühjahr musste er fit sein. Er hatte ein dreiviertel Jahr Zeit. Wir inspizierten seine Laufgarderobe und misteten aus. Die üblichen Baumwollklamotten hatten ausgedient, atmungsaktiv musste alles sein. Feuchtigkeit – insbesondere beim Laufen im Winter – sollte unverzüglich vom Körper abgeleitet werden, um auf der Bekleidungsoberfläche zu verdunsten. Es wurde also eingekauft.

Unterhemden, Unterhosen, lange Laufhosen, kurze Tights, Shirts in jeder Dicke, mit und ohne Ärmel, Mütze und Handschuhe, das ganze Programm. Sollte nicht täglich die Waschmaschine laufen, so brauchte man alles mehrfach. Und auch die Laufschuhe, die müssen passen. Die Firma Lauflunge hat ein Laufband, mit dem das Aufsetzen des Fußes auf den Asphalt festgehalten wird. Damit ist dann schnell der optimale Laufschuh gefunden. Ich fragte mich, was die Läufer in Äthiopien machen.

Trainiert wurde 4- bis 5-mal die Woche, in Spitzenzeiten waren es knapp 100 km. Wie ist dieses Pensum zu schaffen? Nur mit Disziplin. Wind, Regen und Kälte durften Kurt nicht abhalten. Und beim Laufen kann man prima denken, man kann planen, organisieren und auch berufliche Vorbereitungen machen. Und vor allem kam er immer fröhlich vom Laufen zurück. Schlechte Laune hatte er nie. Nur gut, dass die Kinder nicht mehr so klein waren und auch keine tägliche Hausaufgabenhilfe benötigt wurde.

Der Marathon rückte näher und die Spannung in der Familie stieg. Die Hamburger Tageszeitungen gaben die Laufrouten bekannt. Plötzlich sah man auf den Fahrbahnen der Stadt blaue Streifen. War das der Vorbote für eine neue Verkehrsordnung? Nein, es war die ideale Lauflinie auf der Marathonstrecke. Die Spitzenläufer sollten diese nutzen, um kostbare Sekunden zu sparen.

Wo wollte die Familie stehen?
Wir favorisierten die Kennedybrücke, da die Läufergruppe bei Kilometer 17 hier vorbei kommt und 100 Meter Luftlinie weiter, vor dem amerikanischen

Konsulat, sieht man das Läuferfeld auf dem Rückweg von Ohlsdorf auf dem Anflug ins Ziel bei den Messehallen. An diesem Standort sieht man alles, fröhliche Gesichter bei Kilometer 17 und kaputte Läufer bei Kilometer 40, vielleicht gehend, das baldige Laufende herbeisehnend.

Nach dem Pasta-Essen am Abend und einer unruhigen Nacht positionieren wir uns zeitig auf der Brücke. Von allen Seiten strömen die Zuschauer, Verwandte, Interessierte und auch ganze Fangemeinden von Lauftreffs, ausgerüstet mit Kuhglocken und Pfeifen. Auch auf Klappstühlen verkürzt man sich die Wartezeit. Wir hören, dass in der City Nord mächtig Stimmung erwartet wird. Musikgruppen wurden bestellt und die Mitarbeiter der vielen ansässigen Konzerne wollten ihre Arbeitskollegen unterstützend anfeuern. Wir tauschen uns aus.

Doch plötzlich wird es unruhig, mehrere Wagen fahren im schnellen Tempo durch die Gasse, verbreitern diese durch Mikrofone, die Spitze des Läuferfeldes wird angekündigt. Und dann sehen wir sie. Den Brückenanstieg nimmt der Pulk wie im Flug. Alles ist vertreten, große Menschen mit langen Beinen, auch kleinere Läufer, deren Füße wie Maschinenteile auf dem Asphalt aufschlagen. Jede Hautfarbe sehen wir. Eines aber finden wir in dieser Spitzengruppe gar nicht, die Übergewichtigen. Das ist ja eigentlich auch selbstverständlich. Und schon sind sie vorbei, nur ein kurzer Blick war möglich. Der Beifall brandet auf und jetzt verebbt er für Stunden nicht mehr. Es kommen zuerst kleine Pulks, fast einzeln, dann wird das Feld dichter. Nach ca. 20 Minuten geht ein Raunen durch die Zuschauermenge, die erste Frau kommt.

Die Anfeuerungen werden persönlicher, „Oliver, du schaffst es", wird gerufen. Ich sehe auf meine Uhr, Kurt muss bald kommen. Und tatsächlich, er sieht uns zuerst und ich nicht ihn. Er ist in der Zeit und guter Dinge, wir klatschen uns ab und geben ein lautes Hallo mit auf die nächsten 20 Kilometer.

Bemerkenswert ist die Farbgestaltung im Läuferfeld. Allgemeine Modefarben scheint es auch hier zu geben. Eine Kombination von grün und blau findet sich überall. Auch Marathonläufer legen offensichtlich Wert auf ihr Aussehen, auch Kurt hatte sich kürzlich für diesen Anlass neu eingekleidet. Das richtige Outfit ist wichtig, man will gesehen werden. Nun kommen die Exoten – ein langer Kerl kommt mit nacktem Oberkörper und langer roter Perücke, eine Läuferin trägt die Maske eines Kätzchens, ein Bayer grüßt in Lederhose, mit Hut und Gamsbart. Beifall brandet auf, wir beklatschen alle und feuern an.

Nach einer Stunde wechseln wir den Standort. Nein, Kurt ist noch nicht vor dem Konsulat, die Spitzengruppe wird aber bald kommen und nach ihr die Freizeitläufer, die den Marathon in 3 Stunden schaffen wollen. Und sie sehen schlecht aus! Abgekämpft, immer die Zeit im Nacken. Auch hier gibt es schon einmal diejenigen, die zu schnell begonnen haben und jetzt gehen müssen. Es werden die Partner angefeuert. „Gut seht ihr aus, ihr seid tolle Männer." Ich höre im allgemeinen Stimmengewirr eine Frauenstimme sagen, „ich weiß gar nicht, was ihr euch so denkt, wenn wir sie brauchen, sind sie doch laufen."

Und dann kommt er, mit einer Zeit etwas langsamer vielleicht als erhofft, aber noch im flotten Tempo. Jetzt nur noch am Dammtor vorbei, der erste Marathon ist geschafft!

Auch Kurt ist „fertig", aber glücklich, und er benötigt eine kurze Auszeit am Boden der Messehallen mit einer Wand im Rücken. Er freut sich auf die Dusche in den Messehallen. In Berlin geht's auf den Kudamm, Männlein und Weiblein gemischt und splitternackt. Hamburg bleibt hanseatisch!

Gelaufen wird auch heute noch mehrmals in der Woche. Und wenn ich das monotone Geräusch der sich drehenden Waschmaschine nicht hören würde, es würde mir etwas fehlen.

Davongekommen
von Birgit Wiedenmann-Naujoks im Frühjahr 2018

Als Ferdinand das Licht der Welt erblickt, sind die großen Weichen der Weltgeschichte bereits gestellt. Das Ermächtigungsgesetz und der Reichstagsbrand sind bereits Geschichte. Eine neue Zeit hat begonnen. Ferdinand wächst in dieser Zeit auf. Wirtschaftlicher Aufschwung, neues Denken, neuer Nationalstolz, all das begleitet Ferdinands Kindheit.

Ferdinand ist der Erstgeborene und hat somit die Bürde zu tragen, die vermutlich allen Erstgeborenen zufällt: Als erstes Kind unterliegt er viel strengeren Regeln, härteren Strafen und viel höheren Ansprüchen als nachfolgende Geschwister. Ferdinand ist Mutters Liebling, er beschreibt sie als warmherzig, weich, aber auch beharrlich und starr. Wenn sie einmal etwas beschlossen hat, ist sie nicht so schnell von dem einmal eingeschlagenen Kurs abzubringen.

Ferdinands Vater ist ein schwacher und ängstlicher Mann. Er arbeitet als Lehrer an einer Oberschule, hat aber wohl für die jungen Menschen, denen er im Idealfall nicht nur Wissen beibringen sondern auch Vorbild sein sollte, nur geringes Verständnis. Eigentlich ist er ein Eigenbrötler, der weder willens noch in der Lage ist, sich in andere hineinzuversetzen. In ihm brodelt der gefährliche Vulkan derer, die sich benachteiligt fühlen. Allzuoft macht sich der angestaute Lebensfrust in Prügelattacken Luft. Ferdinand bekommt diese ungezähmte Wut, das fratzenhaft verzerrte Gesicht und die unbeschreibliche Brutalität sehr oft zu spüren. Die Anlässe sind nichtig, Ferdinand hat einfach an allem Schuld, was schiefläuft im Leben. Sein Leben lang wird Ferdinand unter diesen Schlägen leiden.

Warum verschließt die Mutter vor dem schreienden Unrecht einfach die Augen?

Dann kommt Ferdinands Schwester auf die Welt – und die Liebe der Mutter wendet sich von Ferdinand ab und gilt nur noch diesem neuen Kind. Wie verraten muss man sich da fühlen? Wie unendlich allein?

Aber Ferdinand wächst, wird größer und eines Tages erhebt er drohend seine Fäuste zum Gegenschlag. Von da ab sind zumindest die körperlichen Schläge Vergangenheit. Die Narben an der Seele aber bleiben und schmerzen.

Mir fällt das Lied von Bettina Wegner ein, indem es heißt:

> Ist so'n kleines Rückgrat
> sieht man fast noch nicht.
> Darf man niemals beugen
> weil es sonst zerbricht.
>
> Grade, klare Menschen
> wär'n ein schönes Ziel.
> Leute ohne Rückgrat
> hab'n wir schon zuviel.

Ich frage mich, was aus Menschen wird, die solcher Brutalität ausgesetzt sind. Der Vater, eigentlich doch eine starke Trutzburg gegen alles Übel dieser Welt, bricht Urvertrauen, wieder und wieder, die Mutter, auch sie doch im Idealfall gedacht als Hort der Wärme, schweigt zu alldem. Zerbricht ein Mensch daran? Bleibt für immer ein Kriechender? Wie entwickelt jemand mit so einer Kindheitsbürde Lebensvertrauen, Selbstbewusstsein? Wird er später auch Brutalität als Ventil nutzen? Oder ist das kein Automatismus?

Als ich Ferdinand frage, ob er sich als ängstlich bezeichnen würde, bejaht er meine Frage. Dennoch macht er sich zeitlebens für Unterdrückte, Entrechtete und Schwache stark. Er kämpft für all jene, die in gewisser Weise dem kleinen schutzlos ausgelieferten Jungen gleichen.

Vater und Mutter sind überzeugte Anhänger Hitlers. Er verheißt ihnen ihr Paradies auf Erden. Auch Ferdinand liebt den Führer, nur die Schreierei Hitlers gefällt ihm nicht. Sonntags geht er dennoch stolz zum Jungvolk. Es gibt wunderbare gemeinsame Aktivitäten, Geländespiele, Singen, Wettkämpfe, Boxen lernen, eigentlich alles, was junge Herzen in dieser Zeit höher schlagen lässt. Eine schicke Uniform und, der Stolz eines jeden Jungen, ein richtiges Fahrtenmesser gehören zur Grundausstattung. So kann der kleine Ferdinand versuchen, es dem Vater gleichzutun, der in seiner Offiziersuniform einfach herrlich aussieht!

In der Schule hat Ferdinand es schwer. Er ist nicht dumm, im Gegenteil, seine Noten sind immer gut bis sehr gut, aber er verspürt eine tiefe Abneigung gegen körperliche Auseinandersetzungen. Seine Mitschüler scheinen das gleich zu Beginn der Schulzeit zu spüren, Ferdinand wird zum beliebten Opfer, er wird geschubst, gehauen, drangsaliert. Ein einziges Mal hat sich in seinem geprügelten Inneren so viel Wut und Verzweiflung aufgestaut, dass er zuschlägt, von da an hat er zumindest vor diesem einen Mitschüler Ruhe.

Der Unterricht, so erzählt mir Ferdinand, sei normal gewesen, ohne Indoktrination. Und doch, so stellen wir im Gespräch fest, funktioniert die Manipulation, aber wohl nicht laut und aufdringlich, sondern leise, subtil. Der Unterricht beginnt selbstverständlich mit dem Hitlergruß. Manch ein Lehrer unterrichtet in SA-Uniform. Vergangene historische deutsche Persönlichkeiten sind selbstverständlich großartig, selbst, wenn das historisch unsauber verschwommen wäre. Der Unterricht wird fast immer mit einem Gebet beendet:

"Schütze Gott mit starker Hand
Führer, Volk und Vaterland!
Das walte Gott!
Heil Hitler!"

Dann fehlt plötzlich ein Mitschüler. Er trug einen jüdischklingenden Namen. In der Schule wird das mit keinem Wort erwähnt, der Schüler ist quasi nie existent gewesen. Außerhalb der Schule aber wagt Ferdinand ahnungslos das Ungeheuerliche, er fragt nach. Demonstrativ werden ihm die Rücken zugedreht, er bekommt keine Antwort. Ob er an diesem Abend wieder einmal Prügel bezieht, weil er den Mund aufgemacht hat?

Geredet wird über solche Ereignisse generell nicht. Wäre Ferdinand älter gewesen, hätte er vermutlich nicht einmal nachgefragt. Eine nicht greifbare, diffuse „Angst" liegt in der Luft. „Dann kommt man ins KZ" oder „dann kommt die Gestapo" sind Sätze, die ab und an zu hören sind, ohne dass „KZ" oder was das Kommen der Gestapo bedeuten würde näher definiert werden. So ist es fast natürlich, dass viele Themenbereiche nie diskutiert werden.

Die Familie zieht kriegsbedingt recht oft um, jeder Umzug ist für Ferdinand verbunden mit einem Bruch aller sozialer Bindungen, aber auch jedes Mal der Möglichkeit, nun einen Neuanfang machen zu können, eine „ab jetzt wird alles gut" – Phase zu erleben. Natürlich ändert sich in Ferdinands Leben aber eben nicht alles zum Guten, die maßgeblich beteiligten Personen sind ja allesamt die gleichen. Die Quälereien in der Schule begleiten Ferdinand ebenso wie die Prügelattacken des Vaters, wenn dieser Heimaturlaub bekommt. Die Schläge sind übrigens immer begleitet von Gebrüll. Schon vor den ersten Schlägen wird der Vater laut. Bei Fehltritten oder Ungeschicklichkeiten fleht Ferdinand die Mutter an, dem Vater bitte nichts zu sagen, die Mutter aber ist unerbittlich hart. Jedes einzelne Mal „verpfeift" die Mutter ihren eigenen Sohn, liefert ihn ganz bewusst den körperlichen Züchtigungen aus, für mich trotz eindringlicher Schilderung Ferdinands eine nicht nachvollziehbare Haltung. Was mag Ferdinand im späteren Leben wohl von brüllenden, tobenden Menschen halten?

In der Grundschulzeit, in den Pausen auf dem Schulhof wird, genau wie an den Nachmittagen, Krieg gespielt, in allen Varianten. Ein beliebtes Spiel ist „Fliegerkampf". Mit ausgebreiteten Armen fliegt man waghalsige Manöver und zwingt den Gegner wortwörtlich in die Knie. Erst wenn der gegnerische Flieger am Boden liegt, ist er besiegt. Da der Boden auf dem Schulhof aus Grus und Asche besteht, leiden die nackten Knie der unterlegenen Flieger bei jeder Niederlage empfindlich. Die Wunden entzünden sich fast immer. So gibt es dann irgendwann elterlichen Protest, ab sofort ist das Spiel auf dem Schulgelände untersagt.

Die Flugzeuge, die mit der Zeit immer häufiger am Himmel auftauchen, sind den Kindern allesamt bekannt. Sie wissen genau, welcher Flugzeugtyp welche Waffen hat, wieviel Mann Besatzung an Bord sind, und wie es mit der Motorisierung aussieht. Oft erfolgt die Identifikation bereits durch das Motorengeräusch. Das Wissen über Kämpfe zu Land, Wasser und in der Luft kommt aus den „Kleinen Kriegsheften", die von vielen Jungen gesammelt werden, aus der Wochenschau im Kino und aus Zeitungs- und Illustriertenbildern.

Der Krieg schreitet voran. Der Alltag wird mehr und mehr von Mangel bestimmt. Ob es nun neue Schuhe sind, die eigentlich fällig wären, die es aber nicht gibt oder ein zu eng gewordener Mantel, der ersetzt werden müsste, es fehlt an immer mehr. Lebensmittel gibt es nur noch gegen Karten, immer mehr muss „ersetzt" werden.. Mit fortschreitendem Mangel wächst die Sehnsucht nach Leckereien, die es vor dem Krieg gegeben hatte.

Ferdinand ist mit seinen Spielkameraden draußen, als sich Tiefflieger am Himmel zeigen. Die Jungen stehen dicht an der Flak, die versucht, die Flieger abzuschießen. Angespannt verfolgen die Kinder das Geschehen, es muss doch gelingen, den Feind vom Himmel zu holen? Aber die Flieger ziehen unbeschadet davon. Dass sie selber in Gefahr waren, ist den Kindern kaum bewusst. Zu sehr ist in ihnen das Ideal des furchtlosen Helden verankert.

Endlich kommen die lang ersehnten Sommerferien, in der die Familie verreist. In dieser Zeit zerstört eine Bombe das Zuhause von Ferdinand. In diesen Sommer fällt auch der Feuersturm in Hamburg. Am Urlaubsort gibt es erste Gerüchte, doch so recht glauben mag das Erzählte niemand, zu abwegig scheint das Beschriebene in seiner Monstrosität. Es dauert aber nicht lange, da weht der Wind trotz der großen Entfernung Brandgeruch in die Nase und erste Menschen, die selber dabei waren, tauchen auf. Ob die Menschen ahnen, dass dieser Krieg nicht zu gewinnen ist? Neben der Wut, dass der Feind das Zuhause genommen hat, bestimmen zunächst ganz praktische Fragen den Alltag: Wo kann man wohnen? Fast aller Besitz ist ja nun weg. Die Familie kommt bei entfernten Verwandten im ländlichen Raum unter. Das Hilfswerk Nationalsozialistische Volkswohlfahrt (NSV) lindert die ärgste Not, es gibt Bezugsscheine für Kleidung und für Möbel.

Im Freundeskreis und in der Schule haftet Ferdinand nun so etwas wie „Ruhm" an, denn er ist ja jetzt ein echtes „Opfer". Nach wie vor wird unter den Kindern Krieg gespielt. Kleine Figuren werden im Sand umhergeschoben als kämpfende Soldaten. Einschlagende Granaten, Bomben oder sonstige „Treffer" werden durch kleine, beim Aufprall zerbrechende Erdklümpchen simuliert. Bei Geländespielen treten oft Mannschaften gegeneinander an. Irgendwo gilt es fast immer, ein abgestecktes Gelände vor der gegnerischen Mannschaft einzunehmen Am Handgelenk trägt man einen farbigen Faden, wird der vom Gegner abgerissen, so ist man „tot". Es ist auch die Zeit des Sammelns und Tauschens. Wer einen echten Bomben- oder Granatsplitter ergattern kann, ist reich.

Die Eltern besitzen ein Radio. Ferdinand hört hier heimlich Feindsender. Warum wurde er nie erwischt? Hatte er gar keine Angst? So etwas war doch unter

Strafe verboten! Die feindlichen Sender sprechen nicht von Frontbegradigung oder strategischem Rückzug der Wehrmacht, auch nicht von heroischen Siegen der Deutschen! In ihren Berichten stehen die deutschen Kampfverbände regelmäßig als Verlierer da, und obwohl Ferdinands Ohren das hören, glaubt sein Herz nach wie vor fest an den Endsieg, ist er nach wie vor glühender Anhänger des Führers, fast so, als seien das zwei verschiedene Ferdinands, die da nebeneinander im gleichen Körper lebten.

Dann begegnet Ferdinand zum ersten Mal Verwundeten. Durchgeblutete Verbände, erwachsene Männer, die vor Schmerzen stöhnen und wimmern, all das passt nicht so recht zum Bild des deutschen Helden, der Krieg ist mit seinen Schrecknissen für einen Moment ganz nah.

Irgendwann ergibt sich die Möglichkeit, wieder in die Stadt zu ziehen. Ferdinand wird von Mitschülern gedrängt, doch wieder zum Jungvolk zu gehen, aber er weigert sich. Die Sirenen heulen immer öfter, die Zeiten im Luftschutzbunker werden länger. Für die Kinder entscheidet sich hier oft, ob am nächsten Tag Unterricht ist oder schulfrei. Nach einer durchwachten Nacht im Bunker fällt die Schule nämlich aus. Aber es ist eben nicht nur spannend. Der Bunker zittert spürbar, wenn die Bomben explodieren, oft geht das Licht aus, Menschen schreien in Angst und Panik, und wenn dann endlich die ersehnte Entwarnung kommt, dann sieht das Draußen oft anders aus, als es beim Betreten des Bunkers war. Ferdinand erinnert sich an Kriegsgefangene, die den Bunker selbstverständlich nicht betreten durften. Als Entwarnung gegeben wird, alle nach langem Verharren im Bunker wieder ans

Licht stolpern, da sind die Gefangenen allesamt tot. Es ist kein schöner Anblick.

Einmal ist Ferdinand mit einem Bekannten der Mutter unterwegs. Ferdinand sieht KZ-Häftlinge bei der Arbeit. In ihrer weithin eindeutig identifizierbaren gestreiften Kleidung räumen sie unter strenger Bewachung Trümmer beiseite. Der Bekannte murmelt leise etwas wie „die Ärmsten", woraufhin Ferdinand trotz eines sehr merkwürdigen mulmigen Gefühls im Bauch etwas mit „Untermenschen" erwidert. Sein geliebter Führer kann sich gar nicht falsch entschieden haben, obwohl der Bauch etwas anderes signalisiert.

Trotz der stetig besser werdenden Zielgenauigkeit der Bomber gibt es immer wieder, auch durchaus beabsichtigte, Fehlwürfe. Und so geschieht es, dass statt des als kriegswichtig angepeilten Bestimmungs-ortes die Bomben Wohngebäude und Zivilbevölkerung treffen. Ferdinands Familie verliert so erneut alles Hab und Gut. Die Familie wird auf einem Bauernhof im ländlichen Raum einquartiert. Trotz der teilweise bedrückenden Enge erlebt Ferdinand hier traumhaft schöne Sommermonate mit schier grenzenloser Freiheit. Mit anderen Kindern kann man von morgens bis abends Fangen und Verstecken spielen. Es klingt nach Idylle.

Einmal, so berichtet Ferdinand, kommt aus der Richtung der Sonne ein verdächtiges Brummen. Mit ein paar Spielkameraden befindet er sich in der Nähe einer vermutlich kriegswichtigen Anlage, es muss gegen Ende des Krieges sein. Das Brummen entpuppt sich schnell als ein Bombergeschwader, das von Jagd-fliegern begleitet wird. Alle werfen sich auf den Boden,

suchen Deckung in Senken oder hinter kleineren Erdwällen. Ferdinand aber findet das Ganze auch wahnsinnig aufregend und spannend, und so hebt er den Kopf, um zu sehen, was passiert. Als erstes schweben langsam sinkende Markierungsbomben, die den nachfolgenden Bombern das Zielfeld anzeigen, vom Himmel. Aus den Bäuchen der großen Maschinen fallen Bomben. Ob sie ihr Ziel tatsächlich treffen? Die Detonationen sind so enorm, dass Ferdinand noch lange Zeit später Druck auf den Ohren hat. Die emporspritzenden Erdmassen sind gewaltig. Dann jedoch kommen die Jagdflieger, die das Geschwader begleiten, und machen im Tiefflug Jagd auf Menschen. Wie durch ein Wunder geschieht keinem der Jungen etwas, die Geschosse gehen an ihnen vorbei.
Da hat Ferdinand Angst.

Solche Ereignisse werden aber schnell verdrängt, man will an den Sieg glauben! Dennoch wird die Kluft zwischen täglich Erlebtem und Wunschdenken immer größer. Tief im Innern ahnen wohl alle, dass es kein gutes Ende nehmen wird. Trotzdem ist es ein Schock, als eines Tages fremde Soldaten auf dem Bauernhof auftauchen. Bewaffnet, aber nicht unfreundlich, durchsuchen sie den gesamten Hof nach deutschen Kämpfern. Einige Tage später geht dann die Kunde von der Kapitulation Deutschlands wie ein Lauffeuer durch das Dorf.

Für Ferdinand bricht eine Welt zusammen, und die Wut und Enttäuschung darüber sind ihm bis heute anzumerken. Sein ganzes junges Leben hat Ferdinand nur „Endsieg" und „Tausendjähriges Reich" kennengelernt, hat gelernt, dass die Deutschen ein überlegenes Volk seien, und nun ist alles dahin.

Soldaten, die im Krieg ihr Leben verloren haben, waren bis gerade eben noch Helden, und jetzt? Kein Sieg, keine Überlegenheit, sondern bedingungslose Kapitulation. Wut und tiefe Verzweiflung lassen Ferdinand wochenlang heulen, immer wieder. Ich muss beim Zuhören schlucken und frage mich, wie sehr einen jungen Menschen so ein Verrat zerbricht. Kann so eine Wunde heilen? Was passiert, wenn die einem anerzogenen Werte von „Gut und Böse" von jetzt auf gleich keine Gültigkeit mehr haben? Ist ein Mensch nach solchen Ereignissen gegen Verführungen immun?

In Ferdinand wird zeitlebens ein Nachhall dieser Wut bleiben. Einem ehemals großen Land ist durch die Tat eines Irren ein Großteil amputiert worden, so fühlt es sich an. Alle akademische Rationalität kann dieses Bauchgefühl nie ganz besiegen. In dieser Wut und Verzweiflung liegt die Keimzelle für Ferdinands lebenslangen Drang zu verstehen, was in dieser Zeit passierte und warum es geschehen konnte.

Trotz der tiefen Verzweiflung und der Wut, auch auf die Besatzer, die Sieger, nimmt Ferdinand Kontakt mit den auf dem Bauernhof stationierten Soldaten auf. Zaghaft und vorsichtig, aber doch. Ist das reine Überlebenstaktik? Ist das kindliche Neugier? Ferdinand betrachtet das in der Rückschau jedenfalls als nicht wirklich miteinander vereinbar.

Ein paar Monate nach Kriegsende kehrt der Vater aus Kriegsgefangenschaft heim. Ihm ist es nach eigenem Bekunden recht gut ergangen. Die Familie wird in die Stadt zurückbeordert, der Familie wird eine Wohnung zugewiesen, der Vater soll die Lehrtätigkeit wieder aufnehmen. Auch Ferdinand geht wieder zur Schule, durch Trümmer und Zerstörung auf dem Schulweg, in die alte Schule, in die alte Klasse. Die Lehrer sind auch fast alle bekannt. Einige tragen im Unterricht Uniformhosen, viele sind gezeichnet vom Einsatz im Krieg, mancher ist gefallen, aber es ist rein äußerlich im Großen und Ganzen ein ungefähres „wie gehabt". Und doch ist die Stimmung anders. Die Mitschüler, die Ferdinand noch vor wenigen Monaten zum Jungvolk gedrängt haben, gucken anders, manch einer etwas verschämt. Auch für sie ist ja der große Traum zerbrochen. Untereinander wird aber kaum über die Niederlage und die damit verbundenen Emotionen gesprochen, es herrscht das große Schweigen.

Anders als von mir lange Zeit angenommen, gibt es bereits unmittelbar nach Kriegsende Menschen, die behaupten, die Bevölkerung hätte, entgegen vielen Beteuerungen, sehr wohl um die Unmenschlichkeiten und Verbrechen im Dritten Reich gewusst. Das "Stuttgarter Schuldbekenntnis" wird schon 1945 unterzeichnet, gegen den Protest vieler, auch Ferdinands Eltern. Im Großen und Ganzen schauen die Menschen im besiegten Deutschland aber nicht zurück. Man ist mit dem täglichen Leben und Überleben beschäftigt. Neuanfang, Neubeginn, Stunde Null, all diese Begriff umschreiben nur unzulänglich die Situation und das Lebensgefühl. Dennoch gelingt es nicht, die Vergangenheit komplett auszublenden. Die Alliierten sind nach der Befreiung des ersten Konzentrationslagers übereingekommen, die Gräueltaten akribisch zu dokumentieren, unter anderem durch Filmaufnahmen. Die Filme aus den Konzentrationslagern, in denen Leichenberge und Verbrennungsöfen schonungslos gezeigt werden, werden auch in den Kinos gezeigt.

Dann beginnen die Nürnberger Prozesse, über die ebenfalls berichtet wird. Auch Ferdinand erfährt von den Gräueltaten. Er ist tief erschüttert und verstört. Dieser Ideologie hat er also jahrelang gehuldigt? Wie kann das sein? Die „dann kommst Du ins KZ"-Kommentare hatten demnach einen viel grausameren Hintergrund, als ihm bewusst gewesen war. Um die KZs mussten demnach die Erwachsenen doch gewusst haben, sonst wären solche Kommentare ja nie gefallen. Ferdinand gehört zu der Minderheit, die auf die Wut im Bauch gern eine Antwort haben möchte. Die befragten Eltern reagieren wie sicher viele ihrer Zeitgenossen, sie verstehen die Nachfrage als Anklage. Entsprechend einsilbig und verletzt reagieren sie. Für Ferdinand ist das wenig befriedigend.

Irgendwann in dieser Zeit trifft Ferdinand auf den Bekannten der Mutter und das Gespräch kommt auch auf die „wir haben nichts gewusst"-Thematik. Ferdinand ist überzeugt, selber auch nichts gewusst zu haben. Der Bekannte erinnert Ferdinand an den Tag, wo die beiden an den trümmerräumenden KZ-Häftlingen vorbeigingen. Das hat Ferdinand gut in Erinnerung. Er hat die Szene so gut im Gedächtnis, dass er jeden Millimeter des Ereignisses exakt aufzeichnen könnte. Und doch…..Als der Bekannte das „Gespräch" zwischen den beiden erwähnt, erinnert sich Ferdinand an das komische Gefühl im Bauch, seine eigene Erwiderung aber scheint komplett gelöscht zu sein. Funktioniert so „Verdrängung"? Täuscht einen das eigene Gehirn derart, dass man meint, die Wahrheit, die reine Wahrheit und nichts als die Wahrheit zu erinnern, das Gehirn dabei aber lediglich die unliebsamen Versatzstücke einfach „ausblendet"?

Ich frage an dieser Stelle mehrfach nach, weil die geäußerte Überzeugung, von Gräueltaten im Dritten Reich, egal welcher Art, nicht mal eine Ahnung gehabt zu haben, für mich immer wie Lügenmärchen geklungen haben, nach fast krampfhaftem sich-selbst-Belügen. Ferdinand ist auch nach so vielen Jahrzehnten über den gelungenen Verdrängungsmechanismus erstaunt, so dass ich ahne, dass diese Äußerungen der Kriegsgeneration vielleicht tatsächlich keine Lügen sind, sondern Antworten nach bestem Wissen und Gewissen. Was sind wir Menschen doch für sonderbare Wesen!

Die Nachkriegsjahre sind zu Anfang von großer Not geprägt. In der Schule gibt es Schulspeisung. Kekssuppe oder Erbsensuppe werden in mitzubringendes Essgeschirr ausgegeben. Für stark untergewichtige Kinder, zu denen auch Ferdinand gehört, gibt es auf ärztliche Anordnung die sogenannte „deutsche Speisung". Die ist wohl etwas kalorienreicher. Ferdinand erinnert sich, dass rohe Steckrübenscheiben als Brotersatz dienen.

Der berüchtigte Hungerwinter, Schwarzmarkt, Kohlenklau, all das ist in diesen Jahren für viele Normalität. Ferdinand und seine Schwester gehen aber nie auf den Schwarzmarkt und beteiligen sich auch nie am Kohlenklau. Egal, wie schlecht es der Familie geht, die Eltern richten sich streng danach, was legal ist und was nicht. Insgesamt gesehen geht es steil bergauf. Die Trümmer verschwinden ebenso wie nach der Währungsreform die Lebensmittelkarten. Dann gibt es auch wieder viele Dinge, die vorher scheinbar von der Bildfläche verschwunden waren. Ferdinand wird konfirmiert, macht Abitur. Das Leben läuft bald wieder in geregelten Bahnen. Doch die nagenden Fragen in Ferdinands Innerem hören nicht auf.

Ferdinand studiert und schnuppert in verschiedene Fakultäten hinein, bevor er sich endgültig für ein Ziel entscheidet. Unter den Studenten gibt es noch andere, die die Vergangenheit ebenso kritisch hinterfragen, wie Ferdinand, die Antworten haben wollen, aber nicht bekommen. In vielen anderen Familien ist das Schweigen der Kriegsgeneration genauso eisern wie in Ferdinands Familie.

Wo die Liebe manchmal hinfällt

von Ursula Weise im Herbst 2017

Es ist wohl über 20 Jahre her, dass ich zufällig im Fernsehen einen Film über einen jungen Künstler - nennen wir ihn Jonas - sah, der mit seiner Familie auf einer Elbinsel wohnt. Man sah ihn an seinem Schreibtisch sitzen, wo er Kinderbücher schrieb und illustrierte. Dann wurde er an einer Werkbank gezeigt, an der er Figuren aus verschiedenen Hölzern schnitzte. Diese Figuren hatten es mir sofort angetan. Sie waren zirka 30 bis 40 Zentimeter hoch und erinnerten entfernt an die Knollennasen-Männchen von Loriot, hatten aber für mich eine weniger komische Ausstrahlung, als mehr besinnlich ernste.

Alle Formen waren rundlich - vom Kopf, an dem nur eine mächtige Nase ausgearbeitet war, bis zum gemütlich dominanten Bauch. Jonas nannte die „Männchen" meine „Jungs".

Damals schon setzte sich in meinem Kopf fest, dass ich irgendwann so eine Figur mal haben möchte. Dann war zunächst Funkstille. Aber immer, wenn ich von Jonas etwas hörte, las oder sah, war das Interesse wieder geweckt.

Inzwischen habe ich gehört, dass Jonas an Ausstellungen in verschiedenen Galerien in Hamburg beteiligt ist, unter anderem in der Galerie Commeter. Bei Gelegenheit fuhr ich hin, um mir die „Jungs" mal in Natura anzusehen. Leider waren keine Figuren mehr da, aber ich sollte jetzt Einladungen für die jährlichen Ausstellungen zugeschickt bekommen. So war es dann auch. Auf den Einladungskarten waren auch immer

Fotos; so konnte ich die Entwicklung des Künstlers gut verfolgen.

Wieder vergingen ein paar Jahre. Dann, kurz vor Weihnachten 2015, sagte mein Mann zu mir, froh, die Idee für ein Geschenk zu haben: „Jetzt fahren wir in die Stadt und kaufen ein Holzmännchen". Ich war wie elektrisiert, wusste ich inzwischen ja, dass Jonas nicht nur in Galerien ausstellte, sondern auch durch seine öffentlich aufgestellten Skulpturen allgemein bekannt geworden war; wohl schon richtig berühmt? Für mich gab es jedenfalls kein Halten mehr: Jetzt oder nie!

Ich rief in Krautsand bei Jonas an und fragte ihn, ob er noch die ursprünglichen Figuren herstellt, ob ich eine kaufen könne - und ob das vor Weihnachten noch machbar wäre? Jonas war am Telefon so nett und freundlich, wie ich ihn damals, in dem Filmchen im Fernsehen, eingeschätzt hatte. Und er machte folgenden Vorschlag:

Am folgenden Tag wollte er sich mit zwei Freunden auf dem Ohlsdorfer Friedhof treffen, um auf dem Grab eines kürzlich verstorbenen gemeinsamen Freundes ein großes „Männchen" aufzustellen. Dort, an Kapelle 10 sollten wir uns treffen. Er wolle mir bei der Gelegenheit eine kleine Kollektion Figuren zum Aussuchen mitbringen. Das klang ja wie ein Krimi, aber wir haben es gewagt.

Der Tag war düster, es wurde gar nicht richtig hell und ich dachte unterwegs, ob wir uns wohl wirklich treffen würden. Als wir uns auf dem Friedhof um die vereinbarte Zeit der Kapelle 10 näherten, waren alle Parkplätze besetzt. Es sah nach einer noch laufenden

Trauerfeier oder Bestattung aus. An einem der Wagen machte sich ein Mann am offenen Kofferraum zu schaffen. Auto und Mann sahen nicht nach Beerdigung aus. Es war tatsächlich Jonas, wir hatten uns auf Anhieb gefunden.

Der Rest ist schnell erzählt. Er hatte 5 Figuren mitgebracht und im Kofferraum aufgebaut. Ohne langes Zögern fand ich meinen Favoriten. Genau so hatte ich mir meinen „Jung" vorgestellt. Aber Jonas druckste etwas herum. Er sagte: Beim Schnitzen der Figur hätte sich im Rücken auf einmal ein Loch aufgetan, das vorher im Werkstück nicht zu sehen war. Zuerst wollte er diese Figur aufgeben, entschied sich dann aber anders: „So ist eben Natur".

Mir selbst war „Paul", wie ich das Männchen gleich nannte, mit dieser „Verletzung" noch lieber geworden.

Inzwischen waren die beiden Freunde dazu gekommen - und die Beerdigungsgäste zogen an uns vorbei und stiegen in ihre Autos. Dann gingen Jonas und seine Freunde an ihre eigentliche Aufgabe und luden eine fast lebensgroße Skulptur gleicher Art samt den nötigen Werkzeugen aus dem vollgestopften Kofferraum und machten sich auf den Weg zum Grab des Freundes. Es wurde auch Zeit, denn bald würde es richtig dunkel sein.

Vorher verabschiedete sich Jonas aber noch von meinem „Paul", indem er ihm noch einmal liebevoll den Kopf streichelte - nach Tischlerart natürlich mit Schmirgelpapier. Außerdem lud uns Jonas noch ein, ihn auf Krautsand mal zu besuchen. Wir versicherten uns gegenseitig noch, dass wir die konspirative Übergabe auf dem Friedhof nie vergessen würden.

Paul fühlt sich - glaube ich - wohl bei uns. Er wohnt gut sichtbar auf der Treppenbiegung nach oben und strahlt Ruhe, Gelassenheit, Bodenständigkeit, Besinnlichkeit und Ehrlichkeit aus. Seine hellen, aufgemalten Augen scheinen in eine andere Welt zu blicken.

Für mich ist ein lang gehegter Traum wahr geworden.

Von den Nationalsozialisten verfolgt - aus Langenhorn deportiert - das Ehepaar Bertha und Dr. Paul Oppens

Gastbeitrag von Margot Löhr im Sommer 2018

Dies ist die Biographie von Bertha Oppens, geb. Schreyer, geboren am 15.10.1883 in Lissa/Leszno, deportiert am 24.3.1943 nach Theresienstadt, weiterdeportiert am 12.10.1944 nach Auschwitz und ermordet, sowie Dr. Paul Oppens, geboren am 21.1.1883 in Hamburg, deportiert am 24.3.1943 nach Theresienstadt, weiterdeportiert am 12.10.1944 nach Auschwitz und ermordet, zuvor beide wohnhaft Am Ochsenzoll 62, Hamburg.

Paul Siegmund Ernst Oppenheim kam am 21. Januar 1883 als jüngster Sohn von Emilie, geb. Wolfers, und Julius Oppenheim in der Straße An der Koppel 94 im Stadtteil St. Georg nahe der Außenalster zur Welt. Er war ein Nachkömmling, seine Mutter war bereits vierzig, sein Vater vierundfünfzig Jahre alt.

Der Vater Joseph/später Julius Oppenheim, geboren am 27. September 1828, stammte aus Echte/Harz und war der Sohn von Ester, geb. Marcus, und Isaak Oppenheim. Er hatte wie sein älterer Bruder Martin die Jacobson-Schule in Seesen besucht, die erste amtliche interkonfessionelle Schule in Deutschland seit 1805. Mit 22 Jahren ging Joseph Oppenheim nach Hamburg; seit November 1854 gehörte er der Deutsch-Israelitischen Gemeinde Hamburgs an und erwarb die Hamburger Staatsbürgerschaft. Er wohnte in der Altstadt, Schauenburgerstraße 13. Auch sein zehn Jahre älterer Bruder Martin, früher Meyer Oppenheim, hatte sich in Hamburg niedergelassen und drei Jahre nach ihm die Hamburger Staatsbürgerschaft erhalten. Martin Oppenheim war mit Rosalie, geb. Behrmann, aus Coblenz seit 1857 verheiratet und führte ein Commissionsgeschäft mit Ledertuch- und Gummi-waren. Julius Oppenheim hatte, nachdem er bei Jacob Friedländer und der Firma Saalfeld & Israel beschäftigt gewesen war, bei ihm gearbeitet und auch das Geschäft in der Bohnenstraße 19 mit geführt.

Nach einigen Jahren trennten sich die Brüder; Martin Oppenheim betrieb nun das Verkaufslager für Ledertuch- und Gummiwaren, Panamahüte und Foulards (Seidentücher) am Alterwall 28 und Julius Oppenheim in der Nachbarschaft am Alterwall 43 ein Herrenartikel-, Ledertuch- und Gummiwaren-Lager. Im Januar 1862 nahm Julius Oppenheim den aus Friedberg stammenden Hamburger Staatsbürger und Kaufmann Joseph Rappolt als Teilhaber mit in sein Geschäft auf. Als „Oppenheim & Rappolt" entwickelte sich die Firma erfolgreich weiter.

Am 27. Mai 1863 hatten sich Emilie Wolfers und Julius Oppenheim in Minden trauen lassen. Emilie, geboren am 12. Mai 1842 in Minden, stammte aus einer angesehenen Kaufmannsfamilie. Ihr Vater Salomon Philipp Wolfers hatte ein Manufakturwaren-handelsgeschäft in der Honstraße 93 und gehörte der Stadtverordnetenversammlung in Minden an. Ihre Mutter Betty Wolfers, geborene Heine, stammte aus der Linie der Familie Heine aus Bückeburg, der auch Salomon Heine und der Dichter Heinrich Heine angehören.

Etliche Verwandte der Familie Wolfers waren nach Hamburg übergesiedelt: Der Cousin von Emilie, Eduard Wolfers, hatte im Jahre 1869 zusammen mit Moses Salomon Schönfeld die Handelsgesellschaft Schönfeldt & Wolfers für Leinen und Teppiche gegründet. Auch ihr Bruder Ernst Wolfers ließ sich nach seiner Heirat um 1890 mit einer Firma in der Hansestadt nieder.

Emilie und Julius Oppenheim bekamen vier Söhne: Paul Oppenheim wuchs mit seinen drei wesentlich älteren Brüdern in Hamburg auf, dem sechzehn Jahre älteren Richard, geboren am 17.3.1866, dem elf Jahre älteren Georg Wilhelm, geboren am 1.7.1871, und dem sechs Jahre älteren Franz Johann, geboren am 7.3.1876. Sie waren, wie Paul, in Hamburg St. Georg zur Welt gekommen.

Die Oppenheim-Söhne lösten sich offiziell von der Deutsch-Israelitischen Gemeinde: Am 17. April 1891 erklärte der älteste Bruder Richard seinen Austritt aus der Deutsch-Israelitischen Gemeinde. Der achtjährige Paul und sein Bruder Franz wurden am 25. Oktober 1891 von Pastor Rode (vermutlich Friedrich Rode, Politiker und späterer Hauptpastor der St. Petri Kirche) in der Heiligen Dreieinigkeitskirche, St. Georg, evangelisch getauft. Taufzeuge war ihr Cousin Rudolph Oppenheim.

Anfang des Jahres 1892 schied Pauls Vater Julius Oppenheim aus der Firma Oppenheim & Rappolt aus und das väterliche Geschäft ging auf den Teilhaber Joseph Rappolt über. Dessen älteste Söhne Paul und Arthur Rappolt, denen schon 1879 Prokura erteilt worden war, rückten als Mitinhaber nach. Die angesehene Firma wurde später in „Rappolt & Söhne" umbenannt.

Pauls Familie zog von der Koppel in das Einzelhaus Hamburgerstraße 97. Die Zeit, in der die Familie dort gemeinsam wohnte, währte nur etwa zwei Jahre. Paul war gerade zwölf Jahre alt, als er seinen Vater verlor. Der Rentner Julius Oppenheim verstarb mit 66 Jahren am 9. März 1895 an den Folgen einer Gehirngefäß-erkrankung während eines Besuches bei seinem Neffen, dem Amtsrichter Rudolph Oppenheim, Sohn seines Bruders Martin Oppenheim.

Pauls ältester Bruder Richard, der wie sein Vater den Kaufmannsberuf gewählt hatte, wurde in dieser Zeit Mitinhaber der Firma „Oppenheim & Co, M. Rosenstirn Nachf.". Im November 1896 heiratete er die evangelisch-lutherische Ida Zimmermann. Richard Oppenheim bezeichnete sich inzwischen als „confessionslos". Im Jahre 1898 führte er als alleiniger Inhaber die Firma „Richard Oppenheim", Agentur und Commission.

Pauls Bruder Georg hatte nach Ablegen der Reifeprüfung 1889 an der Gelehrtenschule des Johanneums im Wintersemester 1891/92 mit dem

Studium an der Königlichen Technischen Hochschule in Hannover begonnen.

Paul Oppenheim im sechzehnten Lebensjahr
Privatarchiv

Ende 1892 wechselte er zum Studium nach München an die technische Universität und erwarb im September 1896 den Titel des Ingenieurs. Im folgenden Winter studierte er in Zürich Philosophie; 1898 verzog er nach Paris.

Pauls Bruder Franz hatte ebenfalls die Gelehrtenschule des Johanneums besucht und dort Anfang 1894 die Reifeprüfung bestanden. Er absolvierte das Studium der Rechtswissenschaften in München, Leipzig und Kiel. Nach seinem Assessorexamen arbeitete er in der Hamburger Finanzverwaltung.

Paul Oppenheim war, wie seine Brüder Georg und Franz, Schüler an der Gelehrtenschule des Johanneums; im Herbst 1901 legte er dort erfolgreich die Reifeprüfung ab und begann sein Studium an der Ludwig-Maximilians-Universität München. Seiner Militärpflicht als Einjährig-Freiwilliger genügte er in München von Oktober 1902 bis zum Oktober 1903.

Danach setzte er sein Studium fort, jeweils ein Jahr an der Humboldt-Universität zu Berlin und an der Christian-Albrechts-Universität zu Kiel, wo er am 24. November 1905 seine 1. juristische Prüfung bestand.

Seine Mutter erlebte dies nicht mehr: Emilie Oppenheim verstarb Anfang des Jahres, am 2. Januar 1905, an einer Nieren- und Hirnhautentzündung. Der Arzt Rudolf Borgzinner (Biografie siehe www.stolpersteine-hamburg.de) hatte sie seit Weihnachten 1904 behandelt. Sie war 62 Jahre alt.

Ihr Grabmal mit ihrem Bronzeporträt auf dem Ohlsdorfer Friedhof wurde von ihrem Sohn Georg Oppenheim „Artaval" gestaltet.

Pauls Bruder Georg Oppenheim arbeitete inzwischen als Bildhauer unter dem Künstlernamen „Artaval" (Zusammensetzung aus König Arthur und Parzival), den er 1902 während eines Rom-Aufenthaltes gewählt hatte. Georg hatte längere Zeit unter dem spirituellen Einfluss von Ludwig Derleth, Dichter aus München, gestanden, der in Rom Theologie studiert hatte und einen eigenen Tempelorden gründen wollte. Für zwei Jahre soll Georg von Derleth in ein Kloster nach Jerusalem geschickt worden sein. Spirituelle Erfahrungen hatte er auch auf einer Reise nach Tibet gesammelt, von der er als buddhistischer Lama zurückgekommen war. Danach hielt er sich in Paris in Künstlerkreisen auf, häufig im Café du Dôme, einem damals bekannten Treffpunkt. Zu seinen Freunden gehörten Künstler der Academie Matisse, wie auch der bekannte Hamburger Maler Friedrich Ahlers-Hestermann, „Mitglied des Hamburgischen Künstlerclubs von 1897" und Mitbegründer der „Hamburger Sezession".

Paul Oppenheim wurde als geprüfter Rechtskandidat am 1. Dezember 1905 zum Hamburger Staatsbürger vereidigt. Während seiner Referendarzeit in Hamburg ab 1. Dezember 1905 wohnte er bei seinem Bruder Franz Oppenheim in der Lübeckerstraße 49a, 1. Stock. Von März bis September 1907 arbeitete Paul Oppenheim als Referendar bei der Allgemeinen Armenanstalt. Er wurde am 17. März 1908 an der Universität Leipzig promoviert. Seine Dissertation hatte den Titel „Die Aussteuer nach dem Bürgerlichen Gesetzbuch für das Deutsche Reich". Im Jahr darauf bestand er die 2. juristische Prüfung vor dem Oberlandesgericht Hamburg und wurde am 30. Juni 1909 zum Assessor ernannt.

Damit waren die Voraussetzungen für eine Existenzgründung gegeben. Der „Gerichtsassessor Doctor juris" Paul Oppenheim heiratete in Berlin-Schöneberg am 2. Oktober 1909 Emma Charlotte Helene, geborene Behrend, geboren am 26.11.1888 in Berlin. Die 21-jährige Braut Helene hatte keinen Beruf erlernt und war, wie er, evangelisch getauft und jüdischer Herkunft. Sie war die Tochter von Elise, geborene Schiff, und des Kaufmanns Ludwig Behrend. Paul Oppenheim bat die „Hochlöbliche Senatskommission für die Justizverwaltung Hamburg" um einen Monat Urlaub, um mit seiner Braut auf Hochzeitsreise ins Ausland gehen zu können, nicht jedoch ohne den Zusatz: „...Sollte sich während der Dauer meines Urlaubs Gelegenheit bieten, mich beim Amtsgericht, bei der Staatsanwaltschaft oder bei der Verwaltung zu beschäftigen, so wäre ich selbstverständlich bereit, meinen Urlaub sofort abzubuchen und mich zur Verfügung der Hochlöblichen Senatskommission für die Justizverwaltung zu stellen...". Doch die Hochzeitsreise verlief ohne Unterbrechung. In Hamburg wohnte das junge Paar zunächst am Mundsburgerdamm 61.

Pauls ebenfalls promovierter Bruder Franz Oppenheim hatte im Jahre 1909 geheiratet. Seine Ehefrau Elisabeth, geborene Friedrichs, stammte aus Springe. Mit ihr bekam er zwei Kinder, Kurt, geboren 1910, und Gisela, geboren 1912, beide geboren in Hamburg.

Paul Oppenheim erhielt 1910 die Ernennung zum Notar. Eine Zeit lang arbeitete er in Vertretung für die Sozietät Asher & Becker, Börsenbrücke 2a, Sauernheimerhof, Hochparterre. Nach dem Ausscheiden von Heinrich Asher wurde er als Sozius in die Sozietät Kanzlei von J.O.A. Becker aufgenommen.

Die Familie Oppenheim entschloss sich, den auf die jüdische Herkunft verweisenden Familiennamen zu ändern und reichte die entsprechenden Anträge beim Senat ein.

Dieser gestattete durch Senatsbescheid vom 9. Mai 1911, fernerhin den Familiennamen Oppens zu führen. Auch seine Brüder und sein Cousin Rudolph nahmen nun den Namen Oppens an (sein Bruder Georg erst im Mai 1920).

Paul Oppens war inzwischen mit seiner Ehefrau Helene in den Woldsenweg 8, 2. Stock, verzogen. Wirtschaftlich ging es ihnen gut, im Sommer 1911 verbrachten sie einen Urlaub im Ausland.

Nach dem Ausscheiden des Sozius Becker trat im Februar 1914 Arnold Heineberg als Sozius in die Kanzlei von Paul Oppens ein. Kurz darauf erlitt Paul Oppens einen schweren Schicksalsschlag: Nach nur vier Ehejahren verstarb seine Ehefrau Helene am 5. April 1914 in der Wohnung ihrer Eltern, Bambergerstraße 18 in Berlin-Schöneberg, an den Folgen einer Eileiterschwangerschaft. Helene Oppens war 25 Jahre alt.

Einige Monate später meldete sich Paul Oppens zum Militär und nahm ab September 1914 am 1. Weltkrieg teil, zunächst als Leutnant der Landwehr, am Ende des Krieges als M.G.K. Kompanie Führer. Gemeinsam mit seinem Sozius Arnold Heineberg, Inhaber des Eisernen Kreuzes, wurde ihm im Juni 1916 das Hanseatenkreuz verliehen. Zwei Monate später erhielt er das Eiserne Kreuz 2. Klasse. Nach dem Kriege gründete Paul Oppens mit mehreren Kameraden den „Verein ehemaliger Angehöriger des L.I.R.86 und 382 e.V.". Als Vorstandsmitglied und Schriftführer gehörte er dem Verein bis zum Erlass der Nürnberger Gesetze an.

Fünf Jahre nach dem Tod seiner ersten Ehefrau heiratete Paul Oppens am 3. Dezember 1919 in Breslau die gleichaltrige Bertha, geborene Schreyer, verwitwete Perl. Als Trauzeugen fungierten sein Bruder Franz aus Hamburg und der 45-jährige Kaufmann Leon Mendel aus Beuthen, Oberschlesien.

Bertha, geborene Schreyer, war am 15. Oktober 1883 in Lissa/Leszno in der Reisner Straße 265 als Tochter von Marie, geborene Mankievicz, und dem Kaufmann Moritz Schreyer zur Welt gekommen. Ihr erster Ehemann Rechtsanwalt Leo Perl, geboren 2.9.1870 in Beuthen, war als Leutnant der Landwehr im 1. Weltkrieg 1915 getötet worden. Sie wohnte in Breslau, Menzelstraße 82 (heute ul. Sztabowa). Ihr Vater Moritz Schreyer, Bankier und ehrenamtlicher Stadtrat, hatte bis zu seinem Tod 1918 als Flottenwart dem Flottenverein angehört. Ihre Mutter Marie Schreyer, geborene Mankievicz, lebte ebenfalls in Breslau. Bertha war wie Paul Oppens jüdischer Herkunft und evangelisch-lutherisch getauft. Stets war sie in der sozialen Hilfsarbeit tätig gewesen, während des ersten Weltkrieges im nationalen Frauendienst in Breslau. In Anerkennung ihres Einsatzes hatte sie Urkunden sowie das Verdienstkreuz erhalten.

Paul Oppens' Bruder Georg Oppenheim, der während des ersten Weltkriegs in französische Zivil-gefangenschaft geraten war, kehrte für einige Zeit nach Hamburg zurück. Der mit ihm befreundete Hamburger Maler Friedrich Ahlers-Hestermann schuf 1919 ein bekanntes Porträt von ihm, das Ölgemälde „Artaval".

1920 war Georg, der nun auch Oppens hieß, als Student der Medizin im Melderegister in der Wedelerchaussee 97 eingetragen. Er gehörte dem "Verein der ehemaligen Abiturienten" des Johanneums an. Ende des Jahres 1921

verzog er nach München. Im dortigen Polizei-
meldebogen ist er als Katholik verzeichnet. An der
Technischen Hochschule München erwarb er im April
1922 den Titel des Diplomingenieurs. Im selben Jahr
erschien in den Marginalien der Galerie Flechtheim ein
Brief vom Mai 1914 des mit ihm befreundeten Malers
Rudolf Levy „Mein lieber Artaval". Darin beschreibt er
das Pariser Künstlerleben mit Georg Oppenheim
„Artaval", und es ist zu erfahren, dass er für ihn mit
Frack und Blumenstrauß oder weißem Farmeranzug
vor einer Palme Modell gestanden hatte. In anderen
Ausgaben verewigten namhafte Künstler wie Fritz
Westendorp, Jules Pascin und Rudolf Großmann
„Artaval" in ihren Zeichnungen.

Bertha und Paul Oppens lebten zu dieser Zeit in
Hamburg-Harvestehude, Jungfrauenthal 26, 3. Stock.
Wie aus der Beschreibung in den Passprotokollen aus
dem Jahre 1922 zu erfahren ist, waren beide mittelgroß,
hatten dunkle Haare und braune Augen.

Wie Paul Oppens verlor auch sein Bruder Franz seine
erste Ehefrau früh auf tragische Weise. Elisabeth
Oppens, geborene Friedrich, wurde an ihrem 32-sten
Geburtstag am 17. März 1922 nachmittags um 4:00 Uhr
im Heuhafen Altona tot geborgen. Es wurde vermutet,
sie habe sich das Leben genommen. Ihre Kinder Kurt
und Gisela waren zwölf und zehn Jahre alt. In der
folgenden schweren Zeit wohnte sein Bruder, der
Bauingenieur Georg Oppens, eine Zeit bei ihm in der
Elbchaussee 48a in Nienstedten.

Bertha und Paul Oppens bestiegen am 20. Februar 1925
im Hamburger Hafen das Dampfschiff „Antonio
Delfino" der Hamburg-Südamerikanischen Dampf-

schifffahrts-Gesellschaft für eine Urlaubsreise nach Santa Cruz de Tenerife. Mit an Bord befanden sich der Rechtsanwalt Albert Wulff und Ehefrau Clara, geborene Arnstedt, sowie etliche Kaufleute aus Hamburg und Bremen.

Im folgenden Jahr verstarb Pauls Bruder Georg Oppens kurz vor seinem 55-sten Geburtstag am 19. Juni 1926 in München. Drei Tage später wurde seine Urne auf den nahe gelegenen Friedhof Dornach überführt und beigesetzt. Noch drei Jahre zuvor waren 1923 im Pflüger Verlag München die Novellen von Wcewolod Garschin „Von Tieren Blumen und Engeln" herausgeben worden; Georg Oppens hatte sie aus dem Russischen übertragen.

Bertha und Paul Oppens entschlossen sich ein Kind zu adoptieren. Die Vermittlung fand über das Rote Kreuz in Berlin statt. Sie entschieden sich für Heinz Arthur Karl Sander, geboren am 13. Februar 1919 in Allenstein. Da er von seinen leiblichen Eltern in Ostpreußen vernachlässigt worden war, hatte Pfarrer Klapp aus Mewe (heute Gniew/Polen), Westpreußen, zunächst eine Pflegschaft für Heinz veranlasst und ihn dann für eine Adoption an das Rote Kreuz in Berlin vermittelt. Es kam zu einem ersten Treffen in Marienwerder. Kurz nach seinem achten Geburtstag im Februar 1927 zog Heinz dann zu Bertha und Paul Oppens nach Hamburg. Nach einer Probezeit nahmen sie Heinz am 2. Juli 1928 an Kindes statt an. Die Adoption wurde am 12. März 1929 vom Amtsgericht Hamburg bestätigt. Wie aus den Gerichtsakten zu ersehen ist, hatten Bertha und Paul Oppens ihren Sohn schnell liebgewonnen, und Heinz lebte sich gut in die veränderten Verhältnisse ein. Nach wenigen Monaten schon redete

Heinz seine Eltern aus freien Stücken mit „Mutter" und „Vater" an. Bertha und Paul Oppens förderten ihren Sohn sehr: Sie ließen ihm Einzelunterricht erteilen, sodass er Ostern 1930 die Aufnahmeprüfung für die Sexta der Oberrealschule Eppendorf bestand. Der Referendar Max Klüver gab ihm Nachhilfeunterricht. Er war Landesführer des Landesverbandes Nordmark, dem der streng nationale Verband „Jungsturm" unterstand. Seit 1931 war Heinz Angehöriger dieses Verbandes und auch weiterhin, als der „Jungsturm" 1933 in die „Hitlerjugend" einging. Heinz verbrachte die Ferienwochen zusammen mit anderen Jungen mit Spiel und Sport auf der Hallig Süderoog und später auf Sylt im Lager Puan Klent.

Nach der Machtübernahme der Nationalsozialisten musste Paul Oppens im Juni 1933 den „Fragebogen zur Durchführung des Gesetzes zur Wiederherstellung des Berufsbeamtentums vom 7. April 1933" ausfüllen. Daraus ist zu ersehen, dass er einige Jahre, von 1920 bis 1923, der (linksliberalen) Deutschen Demokratischen Partei angehört hatte.

Paul Oppens' Bruder Richard musste die zunehmenden Demütigungen der National- sozialistischen Machthaber nicht länger ertragen. Er verstarb am 5. April 1934 im Alter von 68 Jahren im Allgemeinen Krankenhaus St. Georg an Herzschwäche und Araugislativus ileus (Darmverschluss). In den folgenden Jahren unterstützten Franz und Paul Oppens seine Witwe Ida, geborene Zimmermann, finanziell.

Mit der Verabschiedung des „Reichsbürgergesetzes vom 1. Oktober 1935" verschärfte sich die soziale Ausgrenzung der Juden in Deutschland und die

Verfolgung nahm in starkem Maße zu. Dies hatte tragische Auswirkungen auf die Familie Oppens.

Pauls Bruder Franz Oppens, der noch im Januar 1933 zum Reichsfinanzrat in München ernannt worden war, wurde zwangsweise Ende 1935 in den Ruhestand versetzt. Durch seine nichtjüdische Ehefrau, die Witwe Elsa, geborene Scharnberg, die er 1931 geheiratet hatte, war er zunächst noch bedingt vor den Verfolgungen der nationalsozialistischen Machthaber geschützt.

Paul Oppens und sein Partner Arnold Heineberg mussten ihr Notarsamt zum 14. November 1935 niederlegen. Das Schreiben, unterzeichnet von Justizsenator Rothenberger, erreichte Paul Oppens in seiner Wohnung Lehnhartzstraße 9. Vergeblich versuchten er und sein Sozius in Briefen die Notwendigkeit ihrer Arbeit zu betonen, um ihre Zulassung zurückzuerlangen. Obwohl Paul Oppens seit 1891 der evangelisch-lutherischen Kirche angehörte, galt er weiterhin bei den national-sozialistischen Machthabern wegen seiner „rassischen Abstammung" als Jude. Als er im folgenden Jahr sein Notariat an der Börsenbrücke aufgeben musste, konnte er in der Klosterallee 5 bei Frau Blanke, für die er als Testamentsvollstrecker tätig war, einen Raum als „Kontor" nutzen. Bertha und Paul Oppens verzogen in dieser Zeit in die Hudtwalckertwiete 2 am Winterhuder Marktplatz.

Mit dem Ehepaar Hedwig und Alfred Islar waren sie befreundet. Amtsgerichtsdirektor Alfred Islar war ebenfalls wegen seiner jüdischer Herkunft entlassen worden. Auch ihm bot die Ehe mit seiner nichtjüdischen Ehefrau Hedwig, geborene Rahn, einen gewissen Schutz vor den Verfolgungen. Die beiden Juristen kannten sich schon seit Ende des ersten Weltkrieges und hatten oftmals von Eppendorf aus den Weg in die Stadt zur Kanzlei bzw. zum Amtsgericht gemeinsam zu Fuß zurückgelegt.

Die Familie Islar war von der Eppendorferlandstraße 54 nach Hamburg-Langenhorn, Am Foßberg 107 (1941 Baltikumstraße, heute Fibigerstraße), verzogen. Ihr Haus hatten sie 1933 durch Vermittlung des Architekten Felix Ascher erwerben können. Häufig besuchten Bertha und Paul Oppens ihre Freunde in Langenhorn. Dort draußen in der Natur gefiel es ihnen so gut, dass sie sich entschlossen ein Haus ganz in der Nähe zu bauen. An der nördlichen Grenze von Hamburg, Am Ochsenzoll 62, wo auf der gegenüberliegenden Straßenseite Schleswig Holstein beginnt, suchten Bertha und Paul Oppens sicher auch die Möglichkeit unbehelligt vor den Verfolgungen der nationalsozialistischen Machthaber leben zu können.

Am 23. Juli 1936 reichte Paul Oppens eine Bauanzeige für ein Einfamilienhaus auf dem Grundstück der Siemers-Stiftung in Hamburg-Langenhorn ein. (Sein Cousin Karl Wolfers wohnte seit 1925 mit seiner Familie ebenfalls in Langenhorn auf einem Grundstück der Siemersstiftung, in einem Eigenheim am Dobenplatz 8.) Noch vor Weihnachten 1937 bezogen Bertha und Paul Oppens mit ihrem Sohn Heinz das Dachgeschoss ihres Neubaus. Eigentlich war das Haus noch nicht bezugsfertig, und so richteten sie sich vorerst provisorisch ein.

Der Sohn des befreundeten Ehepaares Islar, Hans-Peter Islar, erinnerte sich als Zeitzeuge an eine gesellige Zeit mit Bridge-Abenden zusammen mit „Beechen", wie Bertha liebevoll genannt wurde, und Paul Oppens. Sie fühlten sich wohl draußen im Grünen. Gerne beschäftigte sich Paul Oppens im Garten. Die Familien trafen sich sonntags und waren auch durch ihre Zugehörigkeit zum „Paulus-Bund. Vereinigung nichtarischer Christen" verbunden. Der Hamburger Bezirksgruppe gehörten unter anderem auch Alwin Gerson, Distriktarzt in Wohldorf, und Rechtsanwalt Richard Robinow an. Diese Vereinigung war 1933 als "Reichsverband christlich-deutscher Staatsbürger nichtarischer oder nicht rein arischer Abstammung" gegründet worden. Der Paulus-Bund musste mehrfach seinen Namen wechseln, der Gestapo seine Mitgliederlisten einreichen und die „volljüdischen" Mitglieder ausschließen, sodass ihm, als er 1939 unter dem Namen „Vereinigung von 1937" verboten wurde, nur noch „Mischlinge" angehörten. Paul Oppens hatte für die Jugendlichen, zu denen auch sein Sohn Heinz sowie Hans-Peter Islar gehörten, seinen Arbeitsraum zur Verfügung gestellt.

Heinz Oppens hatte Ostern 1936 die Oberrealschule Eppendorf mit dem Zeugnis der Reife für die Obersekunda abgeschlossen und eine Lehre als Exportkaufmann bei der Firma H.A. Sierau & Co begonnen. In seiner Freizeit widmete er sich dem Segelsport auf der Alster und Elbe, unternahm Hochseefahrten und legte die Prüfung als Sportseefischer ab. Bertha und Paul Oppens ermöglichten ihm den Eintritt in den Norddeutschen Regatta Verein.

Zunehmend flohen als Juden verfolgte Menschen aus dem Umfeld des Ehepaares Oppens ins Ausland, wenn die Möglichkeit einer Aufnahme gegeben war.

Auch Franz Oppens' Kinder konnten sich retten: Tochter Gisela, verheiratete Hess, entkam im August 1938 nach England und später 1943 über Lissabon nach New York. Sohn Kurt Oppens gelang es zusammen mit seiner Ehefrau Edith, geborene Hirsch, im Dezember 1938 über Österreich, Prag und Rumänien mit einer Schiffspassage von Triest nach New York in die USA zu emigrieren.

Paul Oppens' Cousin, der Amtsgerichtsdirektor a.D. Rudolph Oppens, geboren 12.6.1860 in Hamburg, nahm sich am 14. November 1938 das Leben, belastet durch die Pogromerlebnisse, wie aus späteren Aussagen seiner Tochter Edith hervorgeht. In der Todesanzeige hingegen wurde die Todesursache mit „Arterienverkalkung, Apoplexie" angegeben. Auch er war evangelisch getauft und verheiratet mit der Nichtjüdin Hermine, geborene Wehrhahn. Die zwei Töchter, Irene, geboren 1901, und Edith, geboren 1903, emigrierten ins Ausland.

Für Bertha und Paul Oppens spitzte sich die Situation zu. Sie mussten wie alle Juden, deren Vornamen laut einer Liste der Nationalsozialisten nicht als erkennbar jüdisch galten, seit August 1938 die Zusatzvornamen „Sara" und „Israel" annehmen. Am 12. Dezember 1938 erließ die Zollfahndungsstelle über das Vermögen von Paul Oppens eine vorläufige Sicherungsanordnung. Ihr Wohnhaus „Am Ochsenzoll 62" konnten Bertha und Paul Oppens noch per Schenkungsvertrag vom 25. Januar 1939 auf ihren nun 20-jährigen Adoptivsohn Heinz übertragen. Die Genehmigung dazu war vom Reichsstatthalter erteilt worden, da der Sohn als „arisch" galt und nicht unter die antijüdischen Gesetze fiel. Zuvor hatte Heinz, weil er noch nicht 21 Jahre alt war, als volljährig erklärt werden müssen; dazu war eine Stellungnahme des Landesjugendamtes erforderlich. Das hatte fatale Folgen.

Im Februar 1939 wurde von der Sozialverwaltung, Landesjugendamt Hamburg, im Namen des Reichsstatthalters die Aufhebung der Adoption aufgrund § 14 des Reichsgesetzes über die Änderung familienrechtlicher Vorschriften vom 12. April 1938 beantragt. Paul Oppens kannte dieses neu geschaffene Gesetz der Nationalsozialisten nicht. Er und seine Ehefrau Bertha protestierten gegen die Aufhebung der Adoption und betonten, sich von ihren jüdischen Wurzeln entfernt und Heinz als deutsch und national erzogen zu haben. Auch Heinz erklärte: „Ich kann wohl behaupten, dass meine Eltern mich in rein deutschem Sinne erzogen haben und dass von irgend einer Beeinflussung in jüdischem Geiste nicht die Rede sein kann..." Sie alle erklärten sich jedoch auch bereit, sich mit der Aufhebung der Adoption abzufinden, wenn es nicht anders ginge.

Der Einspruch des Landesjugendamtes wurde durch Beschluss des Amtsgerichts Hamburg vom 23. August 1939 abgelehnt, die Adoption hatte weiterhin Bestand. Die schriftliche Begründung war jedoch geprägt von den pseudowissenschaftlichen menschenverachtenden Rassevorstellungen der Nationalsozialisten, die demütigend und erniedrigend für das Ehepaar Oppens waren. Es heißt darin: „Eine weitere Schädigung in diesem Sinne ist jedoch bei einem erwachsenen Adoptivkind in der Regel nicht mehr möglich. Die unglückselige Umweltbeeinflussung seiner jüdischen Adoptiveltern hat sich bei ihm unauslöschlich ausgewirkt. Der Erziehungsvorgang ist abgeschlossen. Das erwachsene Adoptivkind im Zwiespalt der Welten ist dem Leben seines Volkes entfremdet. Dieses

Unglück lässt sich durch den formellen Rechtsakt der Aufhebung des Annahmeverhältnisses nicht wieder gut machen ... Das Gericht hat in längerer Erörterung mit ihm die Überzeugung gewonnen, dass bei seiner geistigen und seelischen Entwicklungsstufe eine weitergreifende unerwünschte Milieubeeinflussung durch seine jüdischen Adoptiveltern nicht mehr möglich ist ...Die Kluft die Heinz heute zu seinem Volk gramerfüllt verspürt, würde er voraussichtlich vertieft mit Verbitterung empfinden, wenn das Annahmeverhältnis gelöst werden würde."

Nach Ableistung des zweijährigen freiwilligen Dienstes bei der Kriegsmarine war Heinz Oppens seit dem 1. April 1939 zum Reichsarbeitsdienst eingezogen worden.

Paul Oppens wurde als Nachlassverwalter für seinen ehemaligen Sozius bestellt: Arnold Heineberg war am 27. April 1939 auf dem Gehweg Dammtorstraße zusammengebrochen. Ein Krankenwagen hatte ihn in das Hafenkrankenhaus gebracht. Noch auf dem Weg dorthin war er verstorben. Der Polizeirevieroberwachtmeister Peper des 30. Polizeireviers vermerkte nach einer Anfrage bei der Krankentransportkolonne und im Hafenkrankenhaus: "Notar a.D. Heineberg Herzschlag erlitten. Auf dem Transport ins Hafenkrankenhaus verstorben. Die Leiche verblieb im Hafenkrankenhaus." Der Arzt Knauer diagnostizierte eine halbe Stunde später: "Tod aus innerer Ursache". Arnold Heineberg, der erst ein Jahr zuvor sein Haus in Hamburg-Volksdorf, Gussau 8, hatte verkaufen müssen, hinterließ seine 79 Jahre alte alleinstehende Mutter Julie Heineberg, geborene Rinteln, die 16 Tage später verstarb.

Ihr zweiter Sohn Otto Heineberg, Kaufmann und Generalvertreter für die etablierten Parfümprodukte Guerlain aus Paris, mit dem Paul Oppens in vertraulicher Verbindung stand, war bereits im Februar 1939 mit seiner Frau und Tochter nach England ausgewandert.

Ebenfalls 1939 emigrierten Paul Oppens' Cousin Karl Wolfers, dessen Ehefrau und die beiden Söhne Ernst Klaus und Hans Peter zu Verwandten nach Guatemala. Vorher hatten sie ihr Haus am Dobenplatz in Langenhorn unter Wert verkaufen müssen.

Auch Paul und Bertha Oppens trugen sich seit einiger Zeit mit Auswanderungsabsichten, obwohl Paul Oppens die Genehmigung des Landesgerichts-präsidenten erhielt, ab August 1939 als „juristischer Hilfsarbeiter" bei dem „Konsulenten" Zadik, Rathausstraße 16, der ausschließlich für jüdische Klienten zugelassen war, arbeiten zu können.

Zur Finanzierung des Vorhabens wollte er seine wertvolle Briefmarkensammlung mit einem Schätzwert von 78.000 Reichsmark verkaufen. Er hatte am 1. April 1939 begonnen, die Marken an Otto Heineberg, den Bruder seines langjährigen Partners Arnold Heineberg, nach England zu versenden, der sie Interessenten anbieten sollte. Dies wurde Paul Oppens zum Verhängnis. Siebzehn seiner Briefe, die er unter fiktivem Absender nach England versandt hatte, wurden von der Zollfahndungsstelle abgefangen. Nach aufwändigen Ermittlungen wurde Paul Oppens als Absender identifiziert, am 10. August 1939 festgenommen und ins Untersuchungsgefängnis Hamburg eingeliefert.

Es folgten tägliche Verhöre von der Zollfahndung Ericus am Speersort, wo Paul Oppens massiv bedrängt wurde, sich des Devisenvergehens schuldig zu bekennen. In seitenlangen detaillierten Protokollen ist die Prozedur festgehalten. Paul Oppens musste genauestens über seine Vermögensverhältnisse Auskunft geben. Dabei wurde dem Umstand große Bedeutung beigemessen, zu welchem Zeitpunkt er eine bestimmte Golduhr seinem Sohn übereignet hatte - ob vor dem Erlass der Reichsstelle vom Februar 1939, der die Juden zur Abgabe ihrer Gold- und Edelmetalle verpflichtete, oder danach. Er wurde so lange unter Druck gesetzt, bis die Zollfahndungs-beamten die Antworten erhielten, die sie hören wollten. Schließlich gab Paul Oppens zu, dass er die Uhr nach dem Februar 1939 seinem Sohn geschenkt habe. Die goldene Glashütter Lange & Söhne Uhr war ein Geschenk seiner verstorbenen ersten Ehefrau Helene gewesen.

Auch Bertha Oppens wurde intensiv verhört und am 10. August 1939 wegen „Verdunkelungsgefahr" in Untersuchungshaft genommen. Nach eingehender Befragung sollte sie zugeben, dass sie von der Versendung der Umschläge mit den Briefmarken nach England gewusst habe. Bis zum Schluss verneinte sie dies. Am Nachmittag des folgenden Tages wurde sie entlassen, aber ihre Bewegungen weiterhin streng überwacht. Auch ihre Freundin Hedwig Islar bekam von der Zollfahndungsstelle eine Vorladung und wurde vernommen. Es war herausgekommen, dass Bertha Oppens ein Sparbuch zur Sicherheit bei ihr hinterlegt hatte, das beschlagnahmt wurde. Auch frühere Geschäftspartner wurden verhört und Paul Oppens' Tätigkeiten als

Testamentsvollstrecker für Arnold Heineberg überprüft. Selbst den Aufwand einer Fahrt nach Kupfermühle/Tremsbüttel nahm die Zollfahndung auf sich, um die ehemalige Verlobte Heinebergs, Annemarie Möller, zu vernehmen.

Schließlich sah es das Amtsgericht Hamburg als erwiesen an, dass Paul Oppens sich mit der Versendung von Briefen mit Sammelbriefmarken nach England des Devisenvergehens schuldig gemacht habe und verurteilte ihn zu einer Geldstrafe von 25.000 RM sowie zu einem Jahr und zehn Monaten Gefängnis. Nach über sieben Monaten im Untersuchungsgefängnis wurde er am 22. Februar 1940 in das Männergefängnis der Strafanstalt Hamburg-Fuhlsbüttel überstellt und musste dort den Rest seiner Haftstrafe verbüßen. In seiner Gefängniskartei wird er als „Jude" mit dem Beruf „Juristischer Hilfsarbeiter" geführt. Es ist darin festgehalten, dass er 1,68 m groß war, braune Augen und graumeliertes Haar hatte.

Sein Sohn Heinz, inzwischen Maat bei der Kriegsmarine, stellte per Feldpost ein Gnadengesuch. In seinem Schreiben fand er für seinen Vater nur gute und dankbare Worte: „...Ich fühle mich verpflichtet, meinem Adoptivvater meine tiefste Dankbarkeit für das, was ich allein durch ihn geworden bin, durch Einreichung dieses Gnadengesuchs zu erweisen." Das Gnadengesuch wurde am 13. Dezember 1940 vom Verwaltungsoberinspektor des Gefängnisses Fuhlsbüttel abgelehnt: „Die im Gesuch dargelegten Gründe sind menschlich verständlich, können aber den Verurteilten bzgl. seines Vergehens nicht entlasten. Da die Auswanderung noch nicht geklärt werden konnte und daher nicht feststeht, fällt auch dieser eventuelle

Entlassungsgrund fort. Nach allem liegt kein besonderer Grund vor, eine vorzeitige Entlassung zu befürworten."

Aufgrund der „Sicherungsanordnung" des Oberfinanzpräsidenten vom 2. Oktober 1940 wurde das Vermögen von Paul Oppens weitgehend beschlagnahmt. Für den Lebensunterhalt standen dem Ehepaar lediglich monatlich 180 RM zur Verfügung. In dieser Zeit musste Bertha Oppens unter sehr beschränkten Bedingungen leben. Jede Extraausgabe, wie ein Geburtstags- oder Weihnachtsgeschenk für Ihren Sohn oder den Kauf von Kohlen, musste sie bei der Oberfinanzbehörde beantragen.

Am 13. Juni 1941 wurde Paul Oppens aus dem Gefängnis Fuhlsbüttel entlassen. Das Ehepaar Oppens lebte weiterhin Am Ochsenzoll 62 unter schwierigsten Verhältnissen mit den zahlreichen Verboten und Auflagen, denen sie als Juden unterworfen waren. Ab September mussten sie den Judenstern auf ihrer Kleidung zu tragen.

Wie der Adoptionsakte zu entnehmen ist, beantragte nun Heinz Oppens über die „Inspektion des Bildungswesens der Marine" am 9. März 1942 bei dem Amtsgericht Hamburg die Aufhebung seiner Adoption. Die Vermutung, dass er dadurch in seiner Karriereleiter aufsteigen konnte, er war Reserve-offiziersanwärter Ob. Btsm. d. R. bei der Marine, liegt nahe. Dieser zweite Antrag auf Aufhebung der Adoption wurde ebenfalls abgelehnt, da der erste Antrag vom Landesjugendamt bereits am 23. August 1939 rechtskräftig abgelehnt worden war. Überliefert ist die Aussage von Paul Oppens' Freund und

Nachlassverwalter Paul Schmidt-Oesfeld, dass die Adoptiveltern Heinz' Antrag zum Glück nicht mehr miterlebt hätten. Doch ungeachtet dieses Antrages blieb Heinz seinen Eltern sehr verbunden.

Paul Oppens' Bruder Franz hatte seinen Vornamen, der nach den offiziellen Namenslisten als nichtjüdisch eingeordnet war, ablegen und stattdessen den Vornamen „Dan" annehmen müssen, wollte er vermeiden, ein „Israel" in seinen Papieren stehen zu haben. Ab April 1942 musste er getrennt von seiner nichtjüdischen Ehefrau im „Judenhaus" in der Rappstraße 15 wohnen.

Bertha Oppens' Mutter, die Stadtratswitwe Marie Schreyer, lebte inzwischen in Dresden. Am 25. August 1942 wurde sie im Alter von 81 Jahren nach Theresienstadt deportiert. Wenige Monate später, am 11. November 1942, starb sie dort.

Bertha und Paul Oppens wurden beide am 23. März 1943 zusammen mit 48 weiteren Betroffenen in das Getto Theresienstadt deportiert, Transport VI/5, Nr. 38 und Nr. 39. Das Vermögen des Ehepaares wurde durch Verfügung des Reichsstatthalters in Hamburg am ersten Dezember 1943 zugunsten des Deutschen Reiches eingezogen.

Paul Schmidt-Oesfeld, der älteste Freund von Paul Oppens aus Kindertagen, schickte dem Ehepaar regelmäßig Nachrichten und Päckchen in das Getto Theresienstadt, Seestraße 015/4.

Ihr Sohn Heinz, dem Bertha und Paul Oppens ein geborgenes Zuhause und eine gute gesicherte Zukunft hatten ermöglichen wollen, wurde am 1. März 1944 im Kriegseinsatz getötet, als Oberleutnant zur See auf der 7. U.-Flottille „U 358". Britische Kriegsschiffe hatten sein U-Boot im Nordatlantik nördlich der Azoren versenkt. Eine tragische Verquickung - die Kriegsmacht, die gleichsam auch für die Befreiung von Bertha und Paul Oppens kämpfte, hatte ihren geliebten Sohn getötet. Bertha und Paul Oppens erhielten diese traurige Nachricht vom Tod ihres Sohnes offensichtlich im Getto. Einige wenige Sätze auf einer letzten handgeschriebenen Karte von Paul Oppens aus dem Getto, XI b Theresienstadt, Seestraße 015/4, vom 12. September 1944 an Paul Schmidt-Oesfeld lassen diesen Schluss zu. Er bestätigt darin Postsendungen seines Freundes und bittet, dass der und auch Karen, die Verlobte seines Sohnes Heinz, weiter für ihn und seine Frau (aus seinem eigenen Vermögen) sorgen müsse.

Am 12. Oktober 1944 wurden Bertha und Paul Oppens mit einem der letzten Deportationszüge „EQ" zusammen mit weiteren 1498 Jüdinnen und Juden vom Getto Theresienstadt in das Konzentrationslager Auschwitz weiterverschleppt und ermordet, drei Tage vor dem 59-sten Geburtstag von Bertha Oppens. Auch Paul Oppens war 59 Jahre alt.

Pauls Bruder Franz Oppens war am 28. Juli 1944 von Hamburg nach Auschwitz deportiert und ermordet worden. Stolpersteine erinnern an ihn in der Lohmühlenstraße 1 und vor dem Haus der Gerichte am Lübeckertordamm, Hamburg-St. Georg.

Stolpersteine am Hofweg 31 in Uhlenhorst erinnern an Hugo Wolfers, Sohn des Cousins von Paul Oppens' Mutter, an dessen Ehefrau und an deren

Sohn Heinz. Das Ehepaar war am 6. Dezember 1941 nach Riga deportiert und ermordet worden, ihr Sohn Heinz am 3. Mai 1940 in der Heilanstalt Strecknitz umgekommen.

Paul Oppens' Cousin Karl Wolfers hatte nach der Emigration auf einer Farm in Guatemala hart arbeiten müssen, um seine Familie ernähren zu können. Im Jahre 1948 wurde er dort ermordet. Seine Ehefrau und die zwei Söhne emigrierten in die USA. In Denver/Colorado lebt Paul Oppens' Großcousin Claude (früher Ernst Klaus) Wolfers. Im September 2017 wurde er 93 Jahre alt.

Die Kinder von Paul Oppens' Bruder Franz lebten nach dem Krieg weiterhin in den USA. Pauls Neffe Kurt Oppens, der kurze Zeit als Jurist tätig gewesen, dann zum Studium der Musikwissenschaften gewechselt war und als Musikschriftsteller gearbeitet hatte, übernahm regelmäßig die Arbeit eines Klaviertechnikers bei dem Aspen Music Festival in Colorado. Seine Ehefrau Edith erteilte Klavierunterricht am New York City's Mannes College of Music. Ihre 1944 geborene Tochter Ursula Oppens, die Großnichte von Paul Oppens, ist heute eine bekannte Klaviervirtuosin.

Edith Oppens, die Tochter von Paul Oppens' Cousin Rudolph Oppens, die nach Chile und später in die Schweiz emigriert war, kehrte nach dem Krieg nach Hamburg zurück und wurde unter anderem mit den Büchern „Hamburg zu Kaisers Zeiten" und "Der Mandrill" eine bekannte Schriftstellerin. In diesen Büchern entwirft sie ein Bild vom bürgerlichen Leben in der Hansestadt, in dem die gesamte Oppensfamilie einmal fest etabliert war.

Das Haus „Am Ochsenzoll 62" von Bertha und Paul Oppens, das sie auf ihren Sohn Heinz übertragen hatten, sollte nach dessen letztem Willen (Testament, verfasst „Im Westen" am 10. Oktober 1943) in erster Linie zusammen mit dem gesamten Vermögen seinen Eltern Paul und Bertha Oppens zufallen, wenn sie aus Theresienstadt zurückkämen. In zweiter Linie, im Falle des Ablebens seiner Eltern, sollte das Haus an seine Verlobte Karen Bendtzen aus Aalborg, Gut Lykkeseye Dänemark, übergehen, nebst Inventar und 20.000 RM. Überliefert ist, dass Karen Bendtzen, als sie nach dem Krieg das Erbe antrat, für sich den Schmuck von Bertha Oppens auswählte, den Heinz Oppens noch im Garten hatte vergraben können.

Das Haus Am Ochsenzoll wollte sie als Dänin nicht annehmen. Die dann laut Testament in der Reihenfolge begünstigte Erbin des Hauses wurde die Tochter von Paul Schmidt-Oesfeld.

Elf silberne Kuchengabeln mit der Gravur „O" von Bertha und Paul Oppens, erworben bei Brahmfeld & Gutruf, dem ältesten seit 1743 existierenden Juwelierhaus Deutschlands, wurden nach dem Krieg bei der Finanzbehörde unter dem „Silberschatz Schellenberg" aufgefunden.

274 Teile Tafelsilber von Bertha und Paul Oppens waren aufgelistet und zugunsten des Oberfinanzpräsidenten eingezogen worden, darunter auch eine große Anzahl von silbernen Eislöffeln. Sie lassen das Bild einer Familie aufleben, die im Sommer sonntags gerne mit Freunden zusammen saß, um gemeinsam ein Eis zu genießen.

Missundestraße: ein „Bleibe-Ort"
von Wolfgang Peper im Sommer 2018

In Altona will ich einen Flohmarkt besuchen und entdecke die Missundestraße wieder. Sie hat ihren Namen nach einem Ort südlich der Schlei, der im 19.Jahrhundert immer wieder umkämpft war. Auch der an die Missundestraße angrenzende Alsenplatz oder die Arnkilstraße erinnern daran, dass Altona nach der dänischen Zeit seit 1867 zur preußischen Provinz Schleswig-Holstein gehörte. Durch das Groß-Hamburg-Gesetz wurde es 1937 ein Stadtteil von Hamburg.

Hier wohnten meine Großeltern. Als Achtjähriger durfte ich manchmal allein mit der S-Bahn von Ohlsdorf bis zur Holstenstraße fahren, um sie zu besuchen. Ratternd, stampfend, rauchend kamen mir die Dampf-Loks entgegen.

Zu Fuß waren es dann nur wenige Minuten vom Bahnhof zu den Großeltern.

Anders als vor 53 Jahren ist heute die Treppenhaustür zur Wohnung verschlossen. Eine Anwohnerin öffnet, fragt aber skeptisch, was ich hier will und warum ich so viele Fotos mache.

Im Treppenhaus erzähle ich ihr von meinen Großeltern-Besuchen. Damals war das Haus grau und alt. Heute steht das Etagenhaus, das 1906 gebaut worden ist, auf der Liste der Kulturdenkmäler in Hamburg-Altona-Nord. Ich bestaune die fast 100 Jahre alten und restaurierten Stuckverzierungen, die wunderschönen Wandkacheln und die edlen Fliesen. Rechts unten geht es zum Keller mit dem damaligen Kohlen-Lager.

Fluchttüren führten einst unterirdisch in den Luftschutzbunker am Ende der Straße. Auf der gegenüberliegenden Straßenseite sind im Krieg einige Häuser zerstört worden: Das zeigt die neuere Bebauung dort.

An der Ecke Arnkilstraße besaß die Familie meiner Großmutter einen kleinen Milchladen: Quark, Joghurt, Butter und Schlagsahne gelten für uns bis heute als nahezu „heilige" und kostbare Nahrungsmittel. Unsere Mutter und die Tanten erzählten davon,   dass sie als Kinder schwere Milchkannen schleppen mussten.

Auf einem alten Foto aus dem Laden entdecke ich ein Schild mit der Bitte, Gefäße für Sahne oder Milch doch mitzubringen…

Die Großeltern-Wohnung hatte 3 kleine Zimmer, eine Küche und WC, aber kein Bad. Mein „Geruchs-gedächtnis" erinnert sich an den Kaffee, den Oma Elly in der alten, zwischen den Knien gedrehten Mühle vorbereitete, an den flachen, duftenden Butterkuchen, Altmärker-Brot mit Gurkenscheiben, Opas Rasierwasser und an Briketts. Opa Hans, schwer kriegsversehrt, konnte stundenlang aus dem Fenster auf den Wochenmarkt schauen:
Man kannte ihn und er grüßte die Leute.
Sein Blick reichte bis zur Volksschule meiner Mutter und Ihrer Schwestern.

Manchmal erzählten sie von dem eiskalten Winter 1946/47 mit Temperaturen bis minus 20 Grad. In der Schule empfingen die Kinder regelmäßig die Schulspeisung: einen süßen, kalorienhaltigen Brei oder eine Suppe mit etwas Fleisch. Damit half Schweden der deutschen Bevölkerung, die Hungersnot zu bewältigen. In vier Jahren wurden allein in Hamburg 28 Millionen Portionen ausgegeben, pro Tag waren es etwa 40.000 an mehreren hundert Ausgabestellen. Sie wurden durch die „Ein-Kronen-Spende" finanziert, obwohl Schweden sich auch selbst einschränken musste.

Ich durfte im kleinen Kinderzimmer übernachten, in dem früher die drei Mädchen ihr Bett hatten und von den Eisblumen am Fenster erzählten.

Ich hatte es warm. Nachts hörte ich die quietschenden Hafenkräne und das Tuten der Schiffe von ferne. Wenn Hans im Krankenhaus lag, was leider oft geschah, durften wir Enkelkinder im unglaublich aufgebauschten Federbett neben der Großmutter schlafen. Auf dem Schlafzimmerschrank sah man Opas Kapitänsmütze wie eine Krone liegen: kostbar, bestaunt, aber unzugänglich und unantastbar. Sie erinnerte ihn an seinen Seemannsberuf. Zur Adventszeit lagen daneben Christstollen, die Elly hinreißend backen konnte und an Weihnachten zu verschenken pflegte.

Wegen des fehlenden Badezimmers musste man sich in der Küche waschen. Ich frage mich, wie man das in der Jugendzeit meiner Mutter mit fünf Personen organisiert hat? Ohne Dusche oder Wanne! Gab es da eine Rangordnung ?

Die Küche besaß einen großen Feuer-Ofenherd. Blitzblank waren die Haltestangen poliert. Der Ofen war aber über Nacht mit Briketts kaum warm zu halten.

Hans war Seemann und 2.Ingenieur bei der „Hamburg-Südamerika-Linie". Ein Stand-Fähnchen seiner Reederei, die vorrangig nach Lateinamerika fuhr, schmückte triumphierend den kleinen Tisch neben Opas Sessel. Eine Fünfergruppe von nach Größe geordneten Ebenholz-Elefanten mit echten Stoßzähnen zierte das kleine Wandregal. Vier der schwarzen Dickhäuter hatte Hans von langen Reisen mitgebracht; den kleinsten Elefanten hatte er irgendwo aus dem Brackwasser gefischt. Auch ein Modell des Kolumbus-Schiffes „Santa Maria" gehörte zur Erinnerung an die Fahrenszeit.

An der Wand über dem Schallplattenspieler hing ein Ölgemälde mit der Darstellung schweren Seegangs. Manchmal erzählte man sich, dass Hans auch auf der wunderschönen „Cap Arcona" gefahren sei. Das Schiff wurde am 3. Mai 1945 durch britische Bomber irrtümlich versenkt. Es hatte viele tausend KZ-Insassen an Bord.

Opas starke Beeinträchtigung hing jedenfalls mit einem Sturz im Maschinenraum während des Krieges zusammen. In den Bombennächten Hamburgs konnte man ihn dann nicht mit in den Bunker tragen. Dazu kam in der frühen Nachkriegszeit eine Kinderlähmung. Wir kannten Hans also nur an Krücken gehend oder im Sessel sitzend.

Als junger Mann muss er ein ausgesprochenes Talent für witzige Gesangseinlagen und Verkleidungen gehabt haben. Auch an Bord war es seine Aufgabe, Passagiere zu unterhalten. So liebte er es, etwa mit einem Handtuch-Turban und einem Bademantel als Inder oder Araber aufzutreten; seine Tenor-Stimme blieb wunderschön. Seemannslieder, gesungen von dem in den 40er Jahren berühmten UFA-Star Hans Albers oder dem Lautensänger Richard Germer, gehörten zum Schallplatten-Repertoire der Großeltern. Die „Reise nach Helgoland" oder die „Seeräuberballade" konnte ich bald auswendig. Das „Hamburger Hafenkonzert" des NDR war ein Sonntagsritual. Aber auch etliche Opern- oder Operettenarien sangen Hans und Elly vor sich hin.

Hans war oft allein in der Wohnung. Aber „Hansi", ein knallgelber Kanarienvogel, trillerte im Käfig mit ihm um die Wette. Opa litt auch unter einer schweren Diabetes. Trotzdem hatte Elly immer eine Flasche hochprozentigen Rums im Haus, allerdings sorgfältig versteckt: Er veredelte ausschließlich ihren sagenhaften Butterkuchen.

Waren wir Enkel mit Hans allein, versuchte er uns regelmäßig zu überreden, die Rumflasche zu bergen – nur für einen kleinen Schluck. Aber Elly hatte uns hart genug zur Lauterkeit trainiert. Wir wussten von nichts. Im Winter gab es trotzdem gelegentlich einen heißen Rum-Grog, der mit der Devise „Rum muss, Wasser kann, Zucker braucht nicht" schlürfend genossen wurde.

Elly hatte ihre Aufgabe, drei Töchter zu erziehen und einen schwerversehrten, halb gelähmten Ehemann zu pflegen, ohne zu klagen und mit Humor gemeistert. Gelegentlich wurde ihr mit ihrem Mann ein Kuraufenthalt, z.B. 1962 in Bad Oeynhausen, gewährt.

Wenn zu viel Geld für Luxus ausgegeben wurde, versuchte sie es herunterzuspielen: Sie tat es nie für sich, aber oft für die Enkelkinder. Einmal erhielt ich als Student eine kleine Geldüberweisung, auf dessen Rückseite stand: „Braucht keiner zu wissen. Elly"

Auf der anderen Seite hatte sie einen Sinn für Schönes. So besuchte sie mit mir einmal den Freihafen, nur um wertvollen Kaffee oder gute Gewürze wie schwarzen Pfeffer, Rosmarin oder Kümmel direkt aus Säcken zu kaufen.

Auch liebte sie es, mit uns Enkeln ins berühmte „Bissi", dem Bismarckbad am Altonaer Bahnhof, zu fahren. Anschließend flanierten wir dann die Ottenser Hauptstraße entlang und landeten im Café, wo es Kakao und Kuchen für uns Kinder gab. Braucht keiner zu wissen... Aber das „Bissi" vermisse ich.
Und im nahen Altonaer Rathaus hatten meine Eltern sich einst das Ja-Wort gegeben.

Mitte der 70er Jahre starb Hans nach einer langwierigen Herzerkrankung. Er wurde auf dem Friedhof Diebsteich beigesetzt; längst ist sein Grab aufgehoben.

Elly war nach seinem Tod hilflos. Nach so vielen Jahren der anstrengenden häuslichen Pflege wurde es leer um sie. Nun musste sie auch noch um die Versehrten-Rente mit der Reederei kämpfen. Konnte sie alleine in der Missundestraße wohnen bleiben ?

Meine Tante entschied, Elly zu sich nach Essen zu holen. Dort wohnte sie noch viele Jahre im Kreis der Familie ihrer zweiten Tochter. Großmutters Grabstein auf dem Essener Friedhof ziert nur das Wort "Pax" (Frieden).

In der Missundestraße bin ich seitdem kaum mehr gewesen.

Weiter und weiter fragt die heutige Wohnungs-nachbarin aus Stuttgart.

Sie ist fast etwas stolz geworden, in diesem für mich besonderen Haus zu wohnen. Wir merken beide, wie sehr Räume und „Bleibeorte" uns prägen, und verabschieden uns fröhlich, nicht ohne das sonnige Schwaben und das immer etwas windige Hamburg miteinander zu vergleichen.

Beim Weggehen entdecke ich, dass der Luftschutz-bunker am Ende der Straße gerade mit riesigem Aufwand abgerissen wird. Hamburg ist mit 700 Anlagen die Stadt mit den meisten Bunkern in Deutschland. Hier entsteht eine Luxus-Wohnanlage. Daneben ist jetzt ein edles Hotel. Ob man sich an die unterirdischen Fluchtwege noch erinnern wird?

Ich gehe am „Bürgertreff Altona-Nord" in der Gefionstraße vorbei. In den 60er Jahren war hier nach meiner Erinnerung ein Fachgeschäft bzw. eine medizinische Abteilung für Prothesen. Auch Hans wurde hier versorgt.

Die ruhige Missundestraße, in der vor wenigen Jahren noch immer ein Wochenmarkt stattfand, ist in Altona nicht so berühmt wie die „Schanze" oder die vor Dieselschadstoffausstoß geschützte Stresemannstraße. Aber das alte Haus meiner Großeltern hat mir etwas zu erzählen, wenn ich es besuche. Manchmal klingt mir dann eines der knisternden Schallplattenlieder von Hans im Ohr:

„Einmal noch nach Bombay/, einmal nach Shanghai,
einmal noch nach Rio/oder nach Hawaii,
einmal durch den Suez/ und durch den Panama,
wieder nach St. Pauli, Hamburg-Altona."
(Richard Germer)

Ohne heimatliche Bleibeorte können wir nicht leben.

Juni - 7 Uhr 15 morgens
von Fritz-Uwe Kilian im Januar 2018

Da stand ich nun an der Ecke Lombards-Brücke und Ballindamm! Wie war ich eigentlich hierhergekommen und was wollte ich hier?

Ich war nicht mit dem Auto gekommen, das war mir klar, denn ich wollte in Ruhe nachdenken und musste unbedingt zu einer Entscheidung kommen. Ich wollte mir keine Zeit kaufen müssen durch eine Parkuhr o.ä., die dann abläuft, sondern ich brauchte Zeit für mich, aber nicht in der Einsamkeit, sondern mitten im Leben, mitten in dieser, meiner, so schönen Heimatstadt.

Es musste eine Entscheidung fallen und dazu wollte ich meine schöne erwachende Stadt an einem ruhigen, windstillen und sonnigen Morgen besuchen, bevor das laute Leben in ihr erwacht und viele Menschen um mich herum waren und vorbeihasteten. Ich lehnte mich an das Geländer zur Alster und schaute auf die noch völlig stille Wasserfläche.

Einige Schwäne und viele Enten schwammen zu der Stelle, wo ich stand, und schauten zu mir herauf.
Es roch nach Brackwasser.

Ich kramte in meiner Tasche nach Resten eines Brötchens und warf ein paar Brocken den Wasservögeln zu. Welch ein Kampf entbrannte jetzt für diese kleinen Brocken! Ich dachte: „Wie friedlich es hier heute Morgen ist – und dann dieser Kampf ums Futter." Nur die Schwäne blieben erhaben und ruhig und fischten etwas auf, was die anderen nicht schnell genug fanden.

Die Sonne kam erst langsam höher, und ihr Licht drängte sich zwischen die Häuserzeilen, und in einigen Fenstern blitzte es hell auf. Die Schatten der Bürohäuser fielen über den Ballindamm bis zur Wasserkante. Der imposante Bau des Hapag-Lloyd-Hauses und Sitz der Reederei Ballin trug auf dem Dach zwei Fahnen, eine der Reederei und eine Hamburg-Fahne. Darüber lugte der Turm der Petri-Kirche.

Der Ballindamm war erst 1848 nach dem großen Brand mit dem Schutt der Häuser aufgeschüttet und verbreitert worden. Vorher hieß er Alsterdamm und die Bäume stehen jetzt in der Mitte des Prachtboulevards. Aber war er wirklich so prachtvoll? Im Weitergehen sah ich manch unschönen Fleck z.B. Reste von Pommes-Frites noch mit Soße daran, oder ein fallen gelassenes Papiertuch oder gar in einer Ecke eine verrichtete Notdurft, und ein paar Bierflaschen lagen herum.

Es waren erst wenige Autos unterwegs, nur vom Glockengießerwall drang der Lärm der langsam erwachenden Stadt herüber. Ein paar japanische Touristen kamen schnatternd und fotografierend von der anderen Straßenseite und ich dachte, wie die wohl zu Haus über diese, meine schöne Stadt berichten würden.

Früher hatte ich mal Gelegenheit, eines der mächtigen Bürohäuser zu betreten. Ich befand mich in einer riesigen Eingangshalle, rundum mit schwarzem Marmor und Spiegeln verkleidet und mit goldenen Geländern. Von ganz oben fiel Licht durch eine gläserne Kuppel und beleuchtete einen Paternoster-Aufzug, von dem ich in der Kindheit tatsächlich gedacht hatte, wenn man damit ganz nach oben führe, käme man auf der anderen Seite kopfüber wieder herunter. Ich entdeckte eine Tafel mit dem Text „mit der Heimat im Herzen die Welt umfassen".

Draußen schob sich die Sonne höher und die Schatten wurden kürzer.

Der Turm der Petri-Kirche glänzte im Sonnenlicht und ich dachte wieder an die Entscheidung, welche ich ja heute und hier zu fällen beabsichtigte.
Ich musste mich also konzentrieren.

Ich ging weiter am Geländer der Alsterseite, und die Wasservögel folgten mir laut schnatternd und um weiteres Futter bettelnd. Nur die Schwäne waren ruhig und gelassen vorausgeeilt.

Die Sonne stieg immer höher und ich setzte mich auf eine Bank am Geländer, zog meine Jacke aus und rollte sie zusammen, legte sie als Rolle auf das eiserne Geländer und stützte meinen Kopf darauf, mit dem Gesicht zur Wasserseite. Die Sonne wärmte mir jetzt den Rücken und ein leichter Wind kam auf und kräuselte die Wasserfläche.

Ich versuchte nachzudenken, aber was meine Augen jetzt wahrnahmen, brachte mich zum Träumen; ich sah ganz rechts die alte Lombards-Brücke und erinnerte mich an meinen Großvater, der um 1870 den Bürgereid ablegen musste, um in der Stadt gewerblich tätig sein zu dürfen. Opa Paul erzählte mir, dass es im Gemäuer der Brücke einen Eingang gab, mit dem man über viele Treppen tief unter die Alster bis zu dem großen Hauptabwasser-Stammsiel kam, welches sogar mit flachen Booten zu befahren war. Auch Kaiser Wilhelm II soll hier eine Kahnfahrt gemacht habe. Heute ist dies leider nicht mehr möglich.

Direkt hinter der Brücke wurde 1953 eine zweite Brücke errichtet, die sogenannte „Zweite Lombardsbrücke". Die Geländeaufschüttungen bestanden hauptsächlich aus tausenden Tonnen Trümmerschutt der Hamburger Bombennächte. 1963 wurde der Name dann geändert in Kennedy-Brücke.

Plötzlich sah ich einen in der Sonne hell glänzenden ICE-Zug über die Kennedy-Brücke fahren und erinnerte mich zugleich an die Zeit der Dampflokomotiven mit den großen roten Rädern und den ausgestoßenen Dampfwolken, welche langsam in den Wipfeln der Bäume zerflatterten. In den 50er Jahren war die ganze Alster zugefroren und man konnte unter beiden Brücken hindurchspazieren.

Meine Augen wanderten weiter nach links, zum anderen Ufer der Alster und zu einem Eckhaus, dem sogenannten ESSO-Haus an der Ecke Esplanade und Neuer Jungfernstieg. Dieser Boulevard wurde erst 1827 aufgeschüttet, vorher konnte man die Binnenalster nicht umrunden.

Die Sonne schien jetzt voll auf diese Seite der Alster, und das Esso-Haus leuchtete hell im Licht. Ich erinnerte mich an die 50er Jahre, als dieses Haus Anlaufstelle und Kontrollpunkt der Rallye Monte Carlo war. Damals hatten die Menschen noch ein anderes Verhältnis zum Automobil und die „Monte" war noch eine reine, winterliche Sternfahrt aus vielen Städten Europas bis ins ferne Monaco.

Weiter den Neuen Jungfernstieg entlang sah ich das schöne Amsinck-Haus mit dem Übersee-Club und etwas danach die 1986 errichtete Bronzeplastik „Die Windsbraut". Das Hotel „Vier Jahreszeiten" sonnte sich als First-Class-Hotel im warmen Morgenlicht und war von der Sonne jetzt voll angestrahlt. Ich erinnere mich auch an die Zeit, als man sich nicht dort nähern durfte, weil das Haus Hauptquartier der „Tommis" und entsprechend bewacht durch Militärpolizei war.

Die Sonne stand jetzt so hoch, dass sie auch den Gänsemarkt beschien und den Hauptboulevard meiner schönen Stadt, den Jungfernstieg.

Ich wurde aus meinen Gedanken gerissen durch ein lautes Fauchen oder Zischen direkt vor mir. Einer der Schwäne reckte seinen langen Hals zu mir hinauf, wohl um zu sagen: „Du hast uns vorhin gefüttert, gib uns noch mehr!" Oder er war beunruhigt durch einen Hund, der jetzt kläffend am Geländer umhersprang.

Ich nahm meine Jacke unter den Arm und ging weiter in Richtung Jungfernstieg. Der Verkehr hatte jetzt mächtig zugenommen und auch die Parkplätze auf dem Mittelstreifen waren alle besetzt. Menschen betraten die Büros und ich musste einer Gruppe von Touristen ausweichen, welche aus zwei großen Reisebussen quollen, die am Randstreifen des Ballindamms parkten und ihre Dieselabgase in die weiche, warme Morgenluft bliesen. Durch diese zwei großen Ungetüme konnte ich auf der anderen Straßenseite nicht mehr die schöne Fassade der Europa Passage sehen und blickte geradeaus auf unser prächtiges Rathaus.

Die Sonne stand jetzt sehr hoch (aber noch nicht im Zenit) und die ganze Alster und das Panorama am Jungfernstieg erstrahlte hell und weiß in der Morgensonne. Welcher Anblick! Ich konnte mich nicht satt daran sehen!!

Das Rathaus wurde im Stil der Neorenaissance von 1886-1897 erbaut für die Summe von 13 Millionen Goldmark und ruht auf 4000 Eichenpfählen, die 12m in den sandigen Untergrund gerammt werden mussten.

Ich bog nach rechts ab, über die Reesendamm-Brücke in den Jungfernstieg. Auf der Reesendamm-Brücke kam mir die Erinnerung an die 50er Jahre wieder, als unter ihr hindurch große Lastkähne (in Hamburg Schuten genannt) mit Kohle vom Hafen herauf und durch die Schleusen gestakt wurden, also ohne Motor, mit langen, starken Holzstangen. Die Alster war nicht tief und hatte keine Strömung. Wenn man direkt am Ufer ins Wasser geriet, ging es nur bis zum Nabel und man wurde dreckig vom schwarzen Moder der Böschung. Die Kohle ging über Binnen- und Außenalster bis nach Barmbek zum dortigen Heiz- bzw. Gaswerk. Überhaupt ist die Stadt durchzogen von Wasser und von Grün. Sie hat mehr Brücken als Amsterdam und Venedig zusammen.

Der Verkehr wurde immer stärker und lauter, aber das störte mich inzwischen nicht mehr. Ich hatte jetzt auch verdrängt, weshalb ich an diesem Morgen eigentlich an diesen Ort gekommen war. Ich hatte nur noch Augen für das tolle Panorama und wollte alles in mir aufsaugen: die Geräusche, die Gerüche und die Bilder: Die wundervollen weißen Alsterarkaden direkt am Fleet (der sogenannten kleinen Alster) mit ihrem venezianischen Flair, erbaut 1841 und die schmucken Geschäftshäuser wie das Wempe-Haus; das schöne Alsterhaus mit der neuen Fassade und den großen Bogenfenstern und den Balkongeländern im 2. Stock; dann das Haller-Haus mit der Commerzbank und der schöne Kaufmannshof und das Streits Haus. Was mir besonders gefällt an dem Panorama meiner geliebten Stadt ist die Tatsache, dass der Senat hier überall eine grelle oder bunte Lichtreklame verhindert hat und das alle Kirchtürme über die Häuser hinaus ragen und nicht irgendwie darunter verschwinden, wie in anderen großen Städten.

Ich werde diese schöne Stadt, die zweimal so geschunden wurde (1842 und 100 Jahre später wieder) immer lieben.

Der Verkehr brauste jetzt durch die Straßen und die bunten Busse der Rundfahrt hielten hier und da. Überlange Gelenkbusse schoben sich durch den Verkehr und quälten sich durch die engen Nebenstraßen Ich schlenderte an der Wasserseite an dem Hapag-Lloyd-Pavillon vorbei und sah zu, wie die Alsterdampfer startklar gemacht wurden und Touristen die Treppen zur Alster bevölkerten, Menschen ganz unterschiedlicher Herkunft. Mitten in diesem unglaublich schönen Teil meiner Stadt zu stehen und zu schauen machte mich irgendwie glücklich.

Mein Ziel am Ende des Jungfernstieges war der „Alex", der Alsterpavillon. Ich suchte mir einen freien Platz, lehnte mich mit dem Rücken an die warme Hauswand und bestellte einen Kaffee.

Plötzlich wusste ich, jetzt hatte ich die Entscheidung, die anstand, gefällt, und mir war wohlig bei dem Gedanken, dass jetzt alles gut werden würde. Ich schloss die Augen und ließ noch einmal alle Bilder und Eindrücke dieser, meiner Stadt an mir vorüber ziehen. So mochte wohl eine halbe Stunde oder mehr vergangen sein.

Die Sonne brannte jetzt vom wolkenlosen Himmel und ich überlegte, wieviel solcher wunderbaren Vormittage ich noch in der Zukunft würde haben können.

Plötzlich eine Stimme: „Entschuldigung, ist dieser Stuhl noch frei?" Ich nickte, stand auf, nahm meine Jacke und ging langsam zur nächsten U-Bahn Station, nicht ohne mich noch mehrmals umzusehen und die Menschen, die Häuser, die Alster als Bilder in mir aufzunehmen

Wann würde ich wieder an diesen liebenswerten Ort zurückkehren können?

Mein Grindel
von Ursula Weise, Herbst 2017

Das Grindelviertel liegt im Hamburger Stadtteil Harvestehude zwischen der Rothenbaumchaussee und der Grindelallee, unweit des Dammtorbahnhofs. Diese Gegend ist geprägt von zwei Einflüssen:
Erstens lag dort vor dem 2. Weltkrieg das Zentrum der Hamburger jüdischen Bevölkerung um die Bornplatz-Synagoge.
Zweitens steht in der Edmund-Siemers-Allee das Hauptgebäude der Universität mit ihren Instituts-gebäuden am von-Melle-Park.

Warum ist mir das Grindelviertel so lieb, dass ich darüber berichten möchte?

Als ich nach dem Abitur von meiner niederrheinischen Heimat nach Hamburg zog, um Bibliothekswesen zu studieren, verbrachte ich zunächst ein Jahr als Praktikantin in verschiedenen Bücherhallen. Danach lernte ich das Grindelviertel kennen. Dort stand das Gebäude unserer theoretischen Ausbildung: die ehemalige jüdische Talmud-Thora-Realschule, am Grindelhof 30. Diese Schule wurde nach dem Krieg als Gebäude der Fachhochschule Hamburg genutzt und diente meinem Fachbereich als Ausbildungsort. Dass ich nach der Ausbildung in der benachbarten Universität meine gesamte Berufstätigkeit verbringen sollte, also am Grindel bleiben würde, konnte ich zu dem Zeitpunkt noch nicht wissen.

Wir Studentinnen und Studenten wussten vom Schicksal der jüdischen Kinder und Lehrer in dieser

Schule. Man sah auch immer noch Einzelheiten, die an die frühere Nutzung des 1911 erbauten Hauses erinnerten. Wir alle mussten - ob wir wollten oder nicht - uns mit der traurigen Vergangenheit dieses Hauses auseinandersetzen.

Auch außerhalb der Schule gab es viele Anzeichen der früheren großen jüdischen Gemeinde: zahlreiche weitere Gebäude, die jetzt fremdgenutzt waren. Wir wussten auch von der großen Synagoge, die damals direkt neben unserer Schule stand und in der „Kristallnacht" zerstört und danach abgerissen wurde. An der Stelle befand sich zu meiner Studienzeit ein etwas verkommener Parkplatz. Ich habe jedoch erlebt, wie darauf der „Joseph-Carlebach-Platz" entstand, in Erinnerung an die Bornplatz-Synagoge und ihren letzten Oberrabbiner. Die Umrisse der Synagoge wurden im Bodenpflaster des Platzes mit andersfarbigen Steinen nachgezeichnet.

Es gab und gibt auch heute viele kleine Geschäfte, auch solche mit koscherem Angebot, kleine Werkstätten, später auch ein jüdisch geführtes Café, das „Leonar". Die Erinnerung an die schreckliche Vergangenheit der jüdischen Grindelbevölkerung war immer präsent.

Trotzdem war der Grindel kein Ort von vorherrschender Traurigkeit. Die vielen tausend Studenten, die das Straßenbild prägten, verbreiteten eine junge, quirlige, heitere Atmosphäre. Das Abaton-Kino und das dazugehörige Bistro waren ein Anziehungsort, das Kleinkunsttheater „Foolsgarden" am Anfang der Bornstraße war immer voll junger Leute. Die vielen kleinen Restaurants mit internationaler Küche waren stets gut besucht und die Besitzer stellten beim ersten Sonnenstrahl die Stühle und Tische vor die Tür.

In den knapp 40 Jahren, die ich am Grindel verbrachte, sind gute Bekanntschaften mit Kellnern im Lieblingsbistro, in verschiedenen Läden oder beim Friseur entstanden. Es ging so persönlich zu, dass ich mich als Dorfkind fast heimisch fühlen konnte. Liebenswerte Kuriositäten waren zumal die etwas abgedrehte Frau mit dem mit Plastiktüten behangenen Fahrrad, die sich gerne zu Studenten auf eine Bank setzte und hochgeistige Gespräche führte. Alle kannten sie. Auch der Laden „Kochs Krimskrams" am Grindelhof war ein Unikum. Der winzige Raum, vom Boden bis zur Decke voller altem Blechspielzeug, Sammlerstücken und Erzgebirgs-Erzeugnissen war sehenswert. Herr Koch konnte sich in seinem Laden kaum umdrehen, geschweige denn einen Stuhl hinstellen. Er war aber immer hilfsbereit und kannte sich in seinem Sortiment bestens aus. Mehr als zwei Kunden konnte der Raum allerdings nicht fassen. Zu Weihnachten stellte er zum Beispiel in seinem Schaufenster zu den Weihnachtsmännern, Engeln und Nussknackern gerne noch Osterhasen aus. Er hatte halt den Schalk im Nacken.

Dann, in den späten Neunzigern tauchten auf den Bürgersteigen des Grindel die „Stolpersteine" auf. Fast vor jedem Haus wurden 10 mal 10 Zentimeter große, messingbeschichtete Steine im Pflaster eingebaut. Jeder Stein steht mit seinen eingravierten Lebensdaten für einen jüdischen Menschen, der hier gewohnt hatte und von den Nationalsozialisten verschleppt und ermordet worden war. Dieses Projekt des Künstlers Gunter

Demnig führte einem in aller grausamer Deutlichkeit vor Augen, wie viele jüdische Menschen hier gewohnt hatten, verschwanden und nie ein Grab bekamen, jetzt aber wenigstens einen Gedenkstein. Das Ausmaß der Vernichtung schockierte mich. Vor manchen Häusern lagen 6 bis 8 Steine. Zu Anfang mochte ich nicht auf die Stolpersteine treten und bin ihnen ausgewichen. Als es immer mehr wurden und man kaum noch ausweichen konnte, dachte ich, dass den Menschen Schlimmeres angetan worden ist, als ein Schritt auf ihren Gedenkstein.

Heute ist die Talmud-Thora-Schule wieder eine jüdische Schule, in die auch nichtjüdische Kinder gehen können. Einige jüdische Familien scheinen demnach wieder im Grindelviertel zu wohnen. Die alte jüdische Lebenskultur ist hier heute verloren, aber die Erinnerung daran trifft man auf Schritt und Tritt.

Manchmal fahre ich noch an den Grindel und setze mich im Grindelhof auf eine Bank in die Sonne. Alles sieht noch so aus, wie vor 40 Jahren: die alten unzerstörten Häuser, die Bäume, die Studentenströme auf den engen Straßen - und ich fühle mich dem vertrauten Grindel sehr verbunden.

Tragische, aber unvergessene Vergangenheit und sprudelndes Leben: Das ist es.

Der Verrat

von Birgit Wiedenmann-Naujoks, im Winter 2017/18

Zu Ostern 1938 ist es endlich soweit: Georg wird eingeschult! Voller Freude lernt er Lesen, Rechnen, Schreiben, ist geschickt und fleißig und geht gern in die Schule. An ideologische Prägungen aus dem Unterricht kann Georg sich nicht erinnern. Einzig die Feierlichkeiten am Ende des Schuljahres hat er in Erinnerung, allerdings in unangenehmer, denn das ewig lange Hochhalten des rechten Arms zum Hitlergruß ist so furchtbar anstrengend.

Die Eltern sind beide berufstätig und so gibt es ein Dienstmädchen im Haus, das sich um die Belange des täglichen Lebens kümmert. Der Vater hat einen Handwerksbetrieb und ist deshalb Mitglied in der Partei, ohne Parteimitgliedschaft hätte sein Betrieb sicher große Probleme. Trotzdem besucht die Familie an Sonntagen oft einen jüdischen Freund. Um Ärger zu vermeiden, wird der Nebeneingang gewählt, aber auch das immer erst, wenn ein suchender Rundumblick „keine Gefahr!" signalisiert. Georg findet das zwar etwas sonderbar, aber als Kind fragt man nicht nach. Im September 1939 sagt der Vater sogar: „Na, und den Krieg verlieren wir!" So ein waschechter „Nazi" ist der Vater also nicht.

Dann bekommt der Vater einen Auftrag in einer kleinen Stadt im südlichen Ostpreußen, er wird zum Pendler. Montags geht es zur Arbeit, wo der Vater die Woche über bleibt, zum Wochenende geht es wieder nach Hause, pro Richtung weit über 200 Kilometer. Das ist anstrengend und kräftezehrend, die Straßen sind ja noch lange nicht so gut ausgebaut, wie wir es heute gewohnt sind. Als das Benzin so rationiert wird, dass Autofahren nicht mehr geht und der Zug genommen werden muss, zieht die Familie 1943 schließlich in das kleine Städtchen mit gut zehntausend Einwohnern um, das sogar eine Oberschule hat, auf die Georg nun geht. Ein Blick auf die Landkarte zeigt, wie weit im Osten der Ort liegt. Dennoch ist vom Krieg nichts zu spüren, die Front zumindest gefühlt weit weg, das Leben geht seinen gewohnten Gang. An den Wochenenden ist für Georg statt Freizeit oft das Treffen des Jungvolkes angesagt. Manchmal „nervt" das, aber letztlich machen die Geländespiele und die anderen sportlichen Aktivitäten Spaß. Auch in der Schule ist alles „normal", es fällt nur auf, dass es fast nur Lehrerinnen gibt, weil die Männer ja allesamt eingezogen sind.

„Georg, hierher…..Vorsicht!"

Das Flüstern ist kaum zu verstehen, die Blätter oben in den Bäumen rauschen störend dazwischen. Georg kauert geschickt hinter einem Baum. Der Freund hat aber offenbar eine bessere Position, also heißt es die Deckung verlassen, ohne vom „Feind" erblickt zu werden. Langsam, langsam zur Seite…Halt! War da nicht eine Bewegung hinter dem Busch? Aber nein, auch das war nur der Wind. Im Kriechgang müsste es zu schaffen sein, zur Position der Flüsterstimme vorzudringen. Ein kleines Brennnesselfeld wäre zu durchqueren, eigentlich nicht weiter schlimm, wären da nicht die nackten Beine von Georg.

Wenige Minuten später erschallt freudiges Geheul, die blaue Gruppe hat heute den Sieg errungen und die „feindliche Burg" eingenommen.

So oder ähnlich mag es zugegangen sein bei den Geländespielen

Im Januar 1944 bekommt Georg eine „Einladung" in ein einwöchiges Lager. Um die dreißig andere Kinder, auch alle um die zwölf Jahre alt, sind mit Georg zusammen im Lager, dort führt ein älterer, hauptamtlicher HJ-Führer die Gruppe an. Dabei wird er von einem älteren Hitlerjungen unterstützt.

Es gibt Geländespiele, sportliche Wettkämpfe, aber auch das Marschieren wird geübt. Dann wird eine schwierige Aufgabe gestellt: Es soll ein Referat über Blücher ausgearbeitet werden, und zwar in kurzer Zeit! Georg profitiert davon, dass er Karl Mays „Der Weg nach Waterloo" gelesen hatte. Sein Referat ist ausgezeichnet! Zum Abschluss des Lagers gibt es noch eine Art „Prüfung": Alle müssen raus in den Wald. Dummerweise ist zu der Zeit gerade ein recht starker Schneesturm, es ist ja Winter, darauf wird aber keine Rücksicht genommen. Georg wird ausgewählt, er soll ganz alleine den Weg zurück zur Unterkunft gehen. Ob das eine Mutprobe ist oder das unter-Beweis-Stellen von gelernten Fähigkeiten im Gelände? Georg kommt jedenfalls heil und unbeschadet an und wird befördert. Im Lager gibt es unter den Kindern erste Gerüchte, dass es sich um ein Auswahlverfahren für die Adolf-Hitler-Schulen handele.

Die 1937 gegründeten Adolf-Hitler-Schulen wollen eine Elite ausbilden, und zwar nicht für die Offizierslaufbahn, sondern für nichtmilitärische Führungsposten in Staat und Partei, und so werden die Besten der Besten gesucht. Bewerben kann man sich für diese Schulen übrigens nicht, es ist ein reines Ausleseverfahren.

Eine weitere „Einladung" folgt, dieses Mal geht es nach Hohenstein in Ostpreußen. Da Georg vermutet, dass die Tage ähnlich gestaltet werden, bereitet er sich zumindest auf ein mögliches Referat vor. Und tatsächlich, auch dieses Mal soll ein Referat gehalten werden. Als Gast ist im Auditorium jetzt ein Unteroffizier der Wehrmacht zugegen.

Im Sommer 1944 trudelt die dritte „Einladung" ein. Georg muss diese Mal vor der Abreise sogar beim Gauleiter vorstellig werden. Der wünscht ihm alles Gute und ermahnt ihn, die Heimat gut zu repräsentieren! Es geht für sechs Wochen nach Königsdorf bei Bad Tölz, gewohnt wird in sogenannten Hauszelten. Schüler aus dem ganzen Reich kommen hier zusammen. Manch einer kommt aus einer Großstadt und hat bereits recht viel von der Welt gesehen, ein anderer kommt aus einem verschlafenen Nest am Ende der Welt, wo man über den Tellerrand des eigenen Dörfchens nie hinaussieht. Zum ersten Mal ist auch der zukünftige „Klassenlehrer", der an den Adolf-Hitler-Schulen aber „Erzieher" heißt, zugegen. Das Programm unterscheidet sich nur wenig von dem der vorherigen Lager, hier kommt aber ganz ausgiebig „Boxen" mit aufs Programm. Georg schlägt sich wacker. Trotz der wunderbaren Geländespiele bekommen viele der Kinder Heimweh, sechs Wochen sind doch eine arg lange Zeit. Georg wird später erfahren, dass zwei Schulkameraden ebenfalls eine Einladung zum Auswahlverfahren erhalten haben, die Eltern dieser Kinder aber ein Veto eingelegt haben und dadurch erstaunlicherweise keine Nachteile erleiden mussten!

Ob Georgs Eltern ihr Kind ins Lager geschickt haben, damit es in Sicherheit ist? In den Sommer 1944 fällt nicht nur das Attentat auf Hitler, sondern auch die Zerschlagung der Heeresgruppe Mitte, die Front im Osten ist gefährlich nahe herangerückt. Nach Westen ziehende Flüchtlingstrecks und deren Bedeutung dürften den Eltern nicht entgangen sein. Die zum Handwerksbetrieb gehörenden großen Maschinen sind aus Sicherheitsgründen bereits Richtung Westen, also weg von der näherrückenden Front, ausgelagert.

In die Zeit dieses Lagers fällt die schlimme Bombardierung Königsbergs im August 1944. Da ein Kamerad im Lager dort Familie hat, verbreitet sich die Neuigkeit im Lager schnell, zum Glück gibt der Kamerad Entwarnung, die Familie ist wohl in Sicherheit. Die Kinder, die aus westlichen Gebieten kommen, sind längst nicht so schockiert und entsetzt. Für sie sind Fliegerangriffe und Bombardierungen schon lange „normal". Das mulmige Gefühl, das die Nachricht bei den Kindern ausgelöst hat, vergeht recht schnell, weicht Zorn über die Unverfrorenheit und Feigheit der Feinde, und endet im festen Glauben an den Sieg, der Führer arbeitet ja schließlich an der Wunderwaffe. Die Meldungen über „Front-begradigungen", die auch die Jugendlichen hören, erscheinen trotz ihrer Häufigkeit durchaus plausibel und klingen nicht nach Niederlage.

Geleitet wird die Gruppe von einem sogenannten „Erzieher", einem Lehrer mit Zusatzausbildung an der Akademie der Adolf-Hitler-Schulen. Als „Adjutant" dient ein ca. 15jähriger Scharführer, der bereits vier Jahre auf eine Adolf-Hitler-Schule geht. Auch am Ende dieses Auswahllagers gibt es einen Prüfungstag, dazu reist extra der Kommandeur der Adolf-Hitler-Schulen, Dr. Kurt Petter an, der eigentlich Kinderarzt ist.

Im August 1944 erfährt Georg, dass er auserwählt ist, die Adolf-Hitler-Schule zu besuchen. Trotz aller Bedenken, die die Eltern sicher haben, sind sie auch stolz auf ihren Sohn. In der Rückschau vermutet Georg, dass die Eltern die „Siegesmeldungen" durchaus realistisch eingeschätzt haben. Die Adolf-Hitler-Schule, in die Georg gehen soll, ist in Krössinsee, also in Pommern, und von der Front, von den immer näher rückenden Russen, ein gutes Stück entfernt. Vielleicht ist das einzige Kind dort in Sicherheit? So wird das Ränzel geschnürt und die Reise beginnt.

„Ordensburg Krössinsee" – wie das alleine klingt! Georg ist mit Sicherheit freudig aufgeregt, wie die anderen neuen Zöglinge auch. Dass hier die zukünftige Elite des Landes herangezogen wird, merken die Schüler natürlich nicht. Dennoch bekommen sie eine Sonderbehandlung, die sich sehr von der vorherigen Normalität unterscheidet. Gleich zu Beginn erhalten die Kinder die dreieckigen Abzeichen. „Tilsit" ist dort in goldener Stickschrift auf schwarzem Grund zu lesen. Die Abzeichen müssen auf die Uniform genäht werden. Das ist sehr ungewohnte Arbeit. Die Ehefrau eines Erziehers, die sogenannte „Pimpfenmutter" hilft zwar, aber das Nähen geht nicht so elegant von der Hand. Viele Dinge sind militärisch straff organisiert:
Gemeinsames Aufstehen um 5.30 Uhr, Meldung machen, Spindkontrollen. Jeder bekommt drei Uniformen: eine für höchste Festtage, eine für Sonntage und eine für andere besondere Ereignisse. Zusätzlich gibt es die außerhalb der Dienstzeiten zu tragende einheitliche Zivilkleidung.

Vormittags ist Unterricht, aber nun gibt es ein neues Fach für die Adolf-Hitler-Schule: „Blick auf die Welt". Als Nachgeborener vermutet man sofort ideologischen Drill. Wie war es tatsächlich? Der Unterricht war eine Mischung aus Geschichte und Geographie und sicherlich nicht ganz neutral. Auch der Sport hat einen hohen Stellenwert, pro Tag gibt es zwei Stunden Sportunterricht. Die Schüler der verschiedenen Ordensburgen bekommen, taktisch geschickt, Fremdsprachenunterricht. Mit Blick auf die später zu erobernden Gebiete ist das z.B. Schwedisch oder Russisch. So werden die zukünftigen „Herren" sich mit den „Untermenschen" verständigen können, bis die Deutsch gelernt haben.

Die Nachmittage stehen den Schülern quasi zur freien Verfügung. Heute würde man das, was dort angeboten wird, wohl als „Wahlpflichtfach" bezeichnen. Die Führungselite sollte sicher rundum „gebildet" sein, und so hört sich die Gestaltung der Nachmittag für mich an wie ein Paradies. Wenn man Reiten lernen will, dann lernt man Reiten. Wer sich für Modellbau interessiert, baut Modelle. Wer meint, als Segelflieger die Welt von oben sehen zu wollen, der darf sich mit dem Segelfliegen beschäftigen. Georg lernt hier Querflöte spielen. Können die Kinder hier also tun und lassen, was sie wollen? Tun ja, lassen nicht. Nicht erlaubt ist das Nichtstun, das Faulenzen, das einfach nur Herumsitzen, darauf wird tatsächlich streng geachtet. Vor dem gemeinsam eingenommenen Abendessen werden eineinhalb Stunden lang die Hausaufgaben erledigt, jeden Tag von halb fünf bis sechs Uhr.

Während die Schüler der Nationalpolitischen Erziehungsanstalt immer Uniform tragen, sind die

Schüler der Adolf-Hitler-Schulen werktags leger gekleidet, nur an Sonn- und Feiertagen tragen sie Uniform. Der Hauptscharführer wechselt wöchentlich, genau wie auch der morgendliche Weckdienst, den hat immer der „Pimpf vom Dienst". Er ist auch zuständig für die Meldungen, dass alle schlafen, dass alle Spinde in Ordnung sind, ganz wie beim Militär.

Im Spätsommer bekommen die Schüler einen wichtigen Sondereinsatz. Sie dürfen mit am Endsieg arbeiten. Das empfinden die meisten sicher als große Ehre. Ausgelagert in ein kleines Dorf etwas östlich der Ordensburg steht ein dreiwöchiger „Schippeinsatz" an. Als Panzersperre gegen die näherrückenden Russen müssen viele Gräben, fast mannstief, ausgehoben werden, zusätzlich wird alle 200-250 Meter ein Unterstand errichtet. Das ist harte körperliche Arbeit! Aus Sicht der Kinder ist der Arbeitseinsatz wichtig. Die Erwachsenen der damaligen Zeit müssen die Sinnlosigkeit des Unterfangens schon bei der Planung erkannt haben. Gräben gegen Panzer? Unterstände, die allenfalls den Regen abhalten, gegen Mörser und Granaten? Nach dem Krieg werden die Jugendlichen erfahren, dass die russischen Panzer einfach einen kleinen Umweg genommen haben.

Untergebracht sind die Züge der Adolf-Hitler-Schule bei Privatleuten. Die sind über die Zwangseinquartierung natürlich alles andere als erfreut, müssen aber gute Mine machen. Während des Schippeinsatzes wird ein Schießwettkampf ausgetragen. Georg gewinnt, und als Belohnung darf sein Zug Pfannkuchen essen. Herrlich ist das! Eigentlich sollen alle, die beim Gräbenausheben mitgemacht haben, den „Schipporden" verliehen bekommen. Bevor die Orden verliehen werden, ist der Krieg aber bereits zu Ende.

Nach einem Vierteljahr in der Adolf-Hitler-Schule bekommen die Eltern ein Zeugnis über ihr Kind. In Georgs Beurteilungsbogen stehen viele schöne Dinge, aber auch, dass er „gelegentlich die Annehmlichkeiten von zu Hause vermissen" würde. Ob damit das Heimweh umschrieben wird?

Weihnachten gibt es ein paar Tage frei, die Schüler dürfen, so sie können, nach Hause fahren. Diese freien Tage heißen aber nicht Ferien, sondern Urlaub. Zwei Mitschüler Georgs müssen in der Ordensburg bleiben. Deren Heimatstädte sind bereits in Feindeshand, die Eltern geflohen und nicht in der Lage, den Sohn über die Feiertage aufzunehmen. Georg gehört zu den Glücklichen, die nach Hause fahren dürfen. Ohne, dass es ihm bewusst ist, hat er in den vergangenen Wochen sehr viel gelernt. Ordnung zum Beispiel, und zwar wie beim Militär. Als er seine penibel gefaltete Wäsche im Schrank verstaut und ein Familienmitglied die Exaktheit sieht, werden alle herbeigerufen, um sich dieses kleine „Wunder" zu besehen. Auch Georgs Bett ist natürlich immer tiptop gemacht!

Während des Weihnachtsurlaubs besucht Georg seine alte Schule. Viele Schulen sind bereits geschlossen, diese hat noch Schulbetrieb. Dort ist auch ein Angehöriger der Wehrmacht zu Gast, er berichtet, wie spannend und aufregend es bei der Wehrmacht ist. Grausame Details oder abschreckende Erlebnisse werden natürlich verschwiegen oder entsprechend verfälscht.

Aus heutiger Sicht, wo wir den weiteren Verlauf der Geschichte kennen, muten viele Geschehnisse wie Irrsinn an, wenn man sich vorstellt, dass nur wenige Monate später Deutschland besiegt in Schutt und Asche lag.

Am 10. Januar 1945 ist der Weihnachtsurlaub zu Ende. Die Schule trifft sich erneut in Krössinsee. Jugendliche, die im Westen des Reiches ihren Urlaub verbracht haben, berichten von nächtlichen Fliegerangriffen, von Krieg, all das klingt nicht gut. Dass am Ende der Geschichte aber nicht der Sieg stehen könnte, ist für die Jugendlichen nach wie vor nicht vorstellbar.

Nur fünf Tage später müssen alle Schüler ihre Sachen packen. Die Schule zieht um. „Vorübergehend", wie es heißt, die Front sei nun doch zu dicht herangerückt. Die jüngeren Schüler fahren, sofern möglich, nach Hause zu den Eltern, die anderen Schüler fahren nach Blankenburg. Georg fährt nach Schivelbein.

Er reist mit einem Freund zusammen, findet in Schivelbein sogar die Polizei, wo er sich ordnungsgemäß meldet. Die beiden Jungen werden in einem Hotel untergebracht und recht fürstlich verpflegt. Tagsüber ziehen die zwei durch die Ortschaft, gehen ins Kino und vertreiben sich die Zeit. Es klingt unbekümmert und relativ sorgenfrei.

Aus Georgs Erzählung höre ich kein Chaos, keine Vorahnung eines bevorstehenden Zusammenbruchs, mir fällt es schwer, die damals gelebte Wirklichkeit mit den Daten der Geschichtsbücher in Einklang zu bringen.

Ein paar untrügliche Zeichen für die sich rasant verändernde Lage sind aber doch da – ob Georg und sein Freund die damals richtig gedeutet haben?

Aus der Heimatstadt kommt, einen Privatwagen im Schlepp, ein Bus mit 15 bis 20 Leuten der Kreisleitung. Sie sind unterwegs Richtung Westen nach Demmin. Warum haben sie die kleine Stadt verlassen? Der Bus ist der ehemalige Schulbus, sogar der Fahrer ist der gleiche.

Die Front rückt unaufhaltsam näher.

Georg und sein Freund tragen jetzt fast immer Uniform. Eines Tages begegnen sie einer Frau, die die Uniformen sofort erkennt und den beiden sagt, dass sich die Adolf-Hitler-Schule in Wiek auf Rügen eingefunden habe, sie komme gerade von dort. Von daheim mit einem Postsparbuch ausgestattet, kauft Georg eine Bahnfahrkarte. Und tatsächlich, in Wiek, im sächsischen Kinderheim, treffen sich die zweite und dritte Klasse der Adolf-Hitler-Schule, als sei nichts passiert! Die älteren Semester fehlen allerdings, sie sind eingezogen. Auch wird erzählt, dass zwei Kameraden bereits gefallen seien. Von Bajonettstichen im Gesicht ist die Rede. Der Tagesablauf ist wie gehabt, Unterricht und Sport laufen weiter, nur gibt es jetzt für alle zusammen nur einen großen Schlafsaal.

Dann wird eine Leiche angespült, der Mann war wohl Pilot. Die verklärenden Heldengeschichten bekommen tiefe Risse angesichts dieser bitteren Realität.

So geht das Leben weiter bis April. Wohlgemerkt, April 1945 – die Tage bis zur Kapitulation

Deutschlands sind gezählt! Da sagt der Pimpf vom Dienst, dass nun wieder alles gepackt werden müsse, die Schule ziehe „vorübergehend" um nach Grömitz. Dort ist das Heim der Kinderlandverschickung die neue Unterkunft. Am Strand werden nun von den Schülern „Schutzlöcher" gebuddelt. Ob die im Zweifel auch nur ein einziges Leben gerettet hätten? Zudem gibt es Tag und Nacht immer eine Wache, die den Himmel nach feindlichen Flugzeugen absucht.

Aufkommende Zweifel an der Sinnhaftigkeit, aufsteigende Ängste, Befürchtungen, all das wird immer wieder besänftigt, weil ja nun des Führers Wunderwaffe gleich fertig sein muss.

Dann kommt der Moment, in dem die Erde schlicht aufhört, sich zu drehen, das Leben stillsteht und alles, was bislang war, nicht mehr ist. Wie ein Lauffeuer verbreitet sich die Nachricht, der Führer sei tot. Gestern noch für den Führer durch Brennnesseln gekrochen, nassen Sand gebuddelt, sich die Knöchel blutig geboxt – und nun soll der nicht mehr sein? Das kann sich nur um ein böswillig gestreutes Gerücht handeln, alles andere ist nicht vorstellbar! Langsam, unendlich langsam dringt in Georgs Bewusstsein, dass das kein böser Alptraum ist, aus dem man früher oder später erwacht, sondern das pralle Leben in seiner gemeinsten und bösesten Form. All das, wofür Georg bislang gelebt hat, all das, woran er noch bis vor wenigen Sekunden geglaubt hat, ist zerbrochen, weg, unwiederbringlich. Was ist jetzt das neue „Gut", was das neue „Böse"? Gilt jetzt alles nicht mehr? Oder gelten einige Sachen nach wie vor, andere aber nicht? Ein tiefer Schmerz der Verzweiflung und bodenlosen Hilflosigkeit breitet sich in Georg aus, kaum auszuhalten und doch nicht wegzuwischen. Georg fühlt sich verraten.

Dann heißt es, der Krieg sei aus. Deutschland habe den Krieg verloren. Kein Sieg? Keine Wunderwaffe? Kein Hineinwachsen in die zukünftige Elite? Nur… Niederlage? Der tiefe Sturz ist nicht greifbar, scheint surreal.

Statt Wut und Verzweiflung herauszuschreien, machen sich Georg und sein Freund stumpf und unfähig, irgendetwas zu fühlen, auf nach Timdorf. Dort hat der Erzieher für Georg und seinen Freund einen Bauernhof gefunden, deren Besitzer bereit sind, die zwei aufzunehmen. Auch ein Fahrrad bekommen die beiden, das trägt das Gepäck. Und so wird über mehr als vierzig Kilometer der schwer bepackte Drahtesel abwechselnd geschoben. Der Krieg ist aus, alles ist vorbei, einen Neuanfang gibt es noch nicht.

Und doch macht sich auch in dieser Situation das Gelernte nützlich – wenn auch ursprünglich sicher anders geplant. Von den Uniformmänteln werden flugs alle Abzeichen abgerissen und Georg wird erzählen, dass sein Freund und er ein kleines verstecktes Lager mit Mänteln ausfindig gemacht haben, aus dem sie sich wegen der beißenden Kälte dann einfach bedient hätten.

Als ein Mitglied der Besatzungsmächte den jungen Menschen durchaus freundlich begegnet und Georgs Freund das erwidert, erntet er eine saftige Ohrfeige von Georg und wird als Verräter beschimpft. Dabei ist Opportunismus vielleicht das einzige Vernünftige in dieser Situation?

Bis Georg sich von dem Schock erholt hat, vergehen viele, viele Monate.

Irgendwann findet er zurück zu seinen Eltern, die den Krieg unbeschadet überstanden haben.

Sein Leben lang wird Georg ein sehr feines Gespür für Manipulation und Indoktrination behalten.

Die Anlage Krössinsee steht übrigens nach wie vor, beeindruckend groß, und wird vom polnischen Militär genutzt.

Haute Couture am Alsterufer

von Susanne Rohde im Sommer 2017

Feuerwehrmann und Tierärztin –die Traumberufe von Jungen und Mädchen, die Highlights jeder Kindheit, heute sind sie es wie auch vor 50 Jahren.

Bei mir war es anders, mein Kinderwunsch war es, Gewerbelehrerin für das Bekleidungsgewerbe zu werden. Wie kam ich nun zu diesem Berufswunsch? Ich weiß es nicht. Vielleicht, weil ich aus einem Meisterhaushalt kam, mit einer Mutter, die Schneidermeisterin war, jedoch nie wirklich diesen Beruf gewerbsmäßig ausübte. Es waren da drei Kinder und eine schwer erkrankte Großmutter, so dass für eine geregelte Berufstätigkeit keine Zeit blieb. Aber warum nun gerade Lehrerin? Sollte ich instinktiv gespürt haben, dass meine schöpferische Kraft, die für eine Karriere im Bereich der textilen Gestaltung unablässig ist, nicht reichte? Die Mutter mit ihren ausgefallenen Ideen, unbestechlich neue Trends erspürend, ausgebildet in der ersten Meisterklasse in den frühen dreißiger Jahren an der Armgardstraße war wohl das Vorbild, dem ich aber nur bedingt nacheifern wollte.

Das Studium an der Uni Hamburg konnte nur mit einer Gesellenprüfung im Schneiderhandwerk aufgenommen werden, und ich freute mich nach der langen Schulzeit auf praktische Arbeit in einem Schneidersalon. In welche Werkstatt sollte ich gehen? Ich wollte nun auch besonders gut lernen und erkundigte mich bei der Innung am Holstenwall. Dort verwies man mich an Carla Hirt am Alsterufer, und ich erfuhr bei meiner weiteren Recherche, dass Lehrlinge aus diesem Ausbildungsbetrieb häufig Landessieger bei ihren Abschlussprüfungen wurden.

Carla Hirt „residierte" in einer weißen Villa am Alsterufer zwischen dem amerikanischen Konsulat und dem Restaurant „die Insel". Bei meinem Vorstellungsgespräch in den Geschäftsräumen im ersten Stock hatte man den Panoramablick auf die Außenalster, hier sollten zweimal im Jahr Modenschauen stattfinden. Man wollte mich gern nehmen, ich war begeistert. Das Entgelt in den 60ger Jahren betrug 40 DM.

Mein erster Arbeitstag startete nicht im ersten Stock mit Panoramablick, sondern man führte mich in einen geräumigen Keller mit zwei großen Arbeitsräumen, den sogenannten Ateliers 1 und 2, beide ohne Ausblick und fast ohne Tageslicht. Und im Laufe der Zeit stellte sich heraus, dass ich das angenehmere Atelier erwischt hatte. Hier saßen ca. 15 junge Frauen, alle mit bester Laune, und als ich etwas mehr Einblick in den Betrieb hatte, schien mir, dass alle noch besondere Ziele verfolgten. Zwei wollten nach der Lehrzeit auf die Meisterschule für Mode, heute Fachhochschule. Eine andere hatte den gleichen Berufswunsch wie ich. Sie alle lernten schnell, mit Kopf und Hand, und es gab kaum Katastrophen. Katastrophe in der Schneiderei heißt: verbügelt, verbrannt, das Teil nicht mehr zu verwenden.

Um einen großen Tisch saßen drei Gesellinnen und dazwischen die vielen Lehrlinge. Im kleinen angeschlossenen Nebenraum arbeitete nicht Carla Hirt, sondern eine ihrer zwei Meisterinnen, die die individuellen Kundenschnitte herstellte, den Zuschnitt durchführte, und die Modelle- auch für die Modenschauen- entwickelte.

Im Hauptraum waren die Gesellinnen für die Lehrlingsausbildung verantwortlich, und bei diesem Überangebot an Lehrlingen bekamen alle schon zu Beginn ihrer Ausbildung verantwortungsvolle Aufgaben, sie mussten also nicht über Wochen die Futter für die Garderobe nähen – denn dieser Stoff ist billig und kann, wenn etwas nicht gelingt, leicht ersetzt werden, nein, hier nähten die Lehrlinge bald Kleider, Kostüme und Mäntel. Und vor allem gab es keinen Zeitdruck – was wohl auch den niedrigen Lehrlings-gehältern geschuldet war.

Es war die Zeit der Etuikleider. Diese wurden aufwändig mit Perlen bestickt. Am Hals lag ein dichter Perlenteppich, der dann zum Saum hin immer dünner wurde. Ein solches Kleid herzustellen, bedeutet viel Handarbeit, jede Perle wurde einzeln platziert und dann aufgenäht – diese ganz individuelle Verzierung dauert Stunden und Tage, häufig eine ganze Woche. Bei einem dieser Kleider entschied Rosemarie, ein Lehrling im dritten Lehrjahr, dass ihre Kundin, eine etwas korpulentere Dame, im Bereich ihres Hinterteils noch einige extra dicke Perlen bekäme. Bei einer späteren Reparatur des Kleides sagte sie, „die Perlen hat sie abgedreht".

Umstandskleider wurden auch genäht und unsere besondere Klientel benötigte diese auch in Seide und für besondere Anlässe. In dieser Zeit saß ich ja nicht nur im Keller und nähte, sondern es gab auch hin und wieder eine Karte für die Oper. Wie war ich erstaunt, als plötzlich „mein" Umstandskleid durch das Foyer der Oper flanierte. So sah ich das Resultat meiner Arbeit nicht nur auf dem Kleiderbügel, denn für die Anproben mit den Kundinnen in den Räumen mit Panoramablick waren die Meisterinnen zuständig.

Was unterschied nun in den 60ger Jahren eine einfache Schneiderei von einem Haute-Couture-Salon? Es waren zunächst die Stoffe, die verarbeitet wurden. Sie kamen meistens aus kleinen Produktionsbetrieben in Frankreich, und hier wurden sie gemeinsam mit den Modehäusern für den jeweiligen Couturier und seine Modenschauen entwickelt. Sowohl die Rohstoffe, z. B. Seide und Kaschmir, waren außerordentlich hochwertig und teuer, außerdem ihre Weiterverarbeitung zu einem Stoff. Werden z. B. lange, glatte Baumwollfasern zu einem Gewebe verwebt, so kann durch den Lichteinfall das Endprodukt seidig glänzen. Das ist dann ja ein völlig anderes Aussehen als das unserer billigen baumwollenen Einkaufstaschen.

Ein Couture-Salon entwickelt für seine Kunden Schnitte, die ganz individuell sind, die u. U. auch einen großen Stoffbedarf haben. Die Verarbeitung großer Stoffmusterungen ist schwierig und teuer, die heutige Textilindustrie belastet sich damit nicht. Und natürlich gibt es auch Arbeitsverfahren, die sehr zeitaufwändig sind, stehende große Kragen, Perlenstickereien und Verschlüsse mit z. B. 20 dicht aneinander liegenden Knöpfen. So nähten wir auch ein eng tailliertes Kleid mit weitem glockigen Rock und einem Ärmelschlingenverschluss mit 15 kleinen Knöpfen, jeder nicht größer als ein knapper Zentimeter. Da ist es allein schon aufwändig, sich anzuziehen.

Warum aber hatte ich nun so eine schöne und unbeschwerte Lehrzeit? Ich denke, dass es mit der Zusammensetzung der Mitarbeiter und Meister in meinem Atelier ursächlich zusammenhing. Das fröhliche Treiben an unserem Tisch wäre auf der anderen Seite des Flures undenkbar gewesen. Ich

172

erreichte meinen Berufswunsch mit einem exzellenten praktischen Fundament, das mir dann gut half, theoretische Fragestellungen zu ergründen.

Hoch hinaus
von Kurt Rohde im Frühjahr 2018

Am frühen Vormittag überholen uns unsere tansanischen Träger mit Zeltstangen, Rücksäcken und Klappstühlen, kurze Zeit später zieht der Koch mit 10 Paletten Eiern auf dem Kopf ebenfalls schnellen Schrittes an uns vorbei. Wir lassen uns nicht hetzen und gehen „polepole". Dies ist ein Wort auf Kisuaheli und heißt auf Deutsch „langsam". Der Weg soll uns auf den Kilimandscharo führen, also auf eine Höhe von fast 6000 Metern. Wir wollen uns einen Traum erfüllen: Wir wollen auf dem höchsten Berg Afrikas stehen.

Ende der 90-er Jahre gab es in der Wochenzeitung „Die Zeit" die Artikelserie „Auf den Spuren der Menschheit". Verschiedene Autoren berichteten über Funde weltweit, die die Entwicklung zum *Homo Sapiens* aufdecken. Ein Journalist bereiste auch Tansania und beschrieb die archäologischen Expeditionen von Mary Leakey, die mit ihrem Team in Laetoli nahe der Olduvai-Schlucht unter anderem Fußspuren von zwei aufrecht gehenden *Australopithecus afarensis* entdeckte. Datiert wurden die Funde mit einem Alter von 3,2 Millionen Jahren. Wir lasen über Peter Jones, der als Fotograf das Forscherteam begleitete und anschließend in der tansanischen Steppe das Camp Ndarakwai gründete und mit den Massai, den Bewohnern dieses Teils Tansanias, betrieb. Er bietet touristische Angebote und macht auch Besteigungen des Kilimandscharos möglich.

Das war unsere Chance, auf den Kilimandscharo zu gelangen. Wir buchten drei Wochen Afrika: eine Woche wandern in der Steppe, eine Woche Aufstieg zum

Kilimandscharo, eine Woche zu den Big Five in der Serengeti.

Wir machten uns zu siebent auf zu unserer Kilimandscharo-Expedition. Durchschnittsalter knapp über 50 Jahre, alle aus Hamburg, fünf Frauen,zwei Männer, vorwiegend mit niedrigem Blutdruck, nur zum Teil sportlich vorgebildet, aber alle sehr motiviert, auf dem Dach von Afrika zu stehen. Man geht durch sämtliche Vegetationszonen der Erde hinauf zum Gipfel und kann dann hoffentlich vom Uhuru Peak, bei strahlendem Sonnenschein, vom gleißenden Licht des Gletschers begleitet, in den Vulkankrater und ins Tal blicken. 5895 m ist der Kilimandscharo hoch, der Aufstieg beginnt bei 1400 m, also sind 4500 Höhenmeter in fünf Tagen zu schaffen. Der Sauerstoff-anteil der Luft verringert sich in der Höhe um mehr als 50%, auf dem Gipfel können -20°C herrschen. Viele Bergsteiger berichten, wie sie es nicht auf den Gipfel geschafft haben, das Bangen und Hoffen beginnt also schon am Tag eins am Londorossi-Gate zum Kilimandscharo-Naturpark, und wir wissen nicht, ob es denn für uns reicht. Felix, unser Bergführer, verbreitet Optimismus, alle seine Gäste hätten in der Vergangenheit den Gipfel erreicht, also, wo ist das Problem?

Am starting point treffen wir auf die vollständige Mannschaft, die beim Sichten und Verpacken der Ausrüstung ist. Angeführt werden die 27 Träger von Felix, unserem Bergführer. Ein ganzes Warenlager geht mit auf die Tour, u.a. die Möbel für das Messzelt, eine Küchenausrüstung, Zweierzelte für uns, Mannschafts-zelte für die Träger, Lebensmittel für eine Woche, darunter ca. 150 Eier, die der Koch auf seinem Kopf tragen wird. Dann starten die Träger zum ersten Camp, Big Tree. Wir folgen sehr, sehr langsam. An der Spitze geht Felix, am Ende sein Co-Bergführer Edward. Susanne und ich, beide mit Bergwandererfahrung, flüstern uns zu, dass wir wohl bei diesem Tempo nie den Gipfel erreichen werden. Wir werden uns wundern.

Der Weg ist phantastisch, nie haben wir ähnliche Bäume und Vegetation live gesehen, zahlreiche Blumen erscheinen uns bekannt, z.B. *Impatiens Viola* und *Impatiens Kilimandscharo*. Uns begleiten zwei sehr aufmerksame Ranger mit Gewehren. Sie achten auf herumstreunende Bergelefanten, die sich durch uns gestört fühlen könnten. Glücklicherweise werden sie nicht fündig.

Kurz vor Erreichen des Camps setzt Regen ein. Er ist jedoch nicht so stark, wir werden nicht durchnässt. Die Zelte sind schon aufgebaut, wir richten uns ein, es tröpfelt gleichmäßig aufs Zelt, Urlaub wie an der Ostsee. Um 19.30 Uhr wird Essen im Messzelt serviert: Heiße Suppe, Fleisch, Gemüse und Kartoffeln, abschließend Früchte. So gut essen wir in Hamburg am Abend nie. Es wird deutlich kühler.

Nachts hören wir Geräusche von unbekannten Tieren, wir müssen leider auch mal raus, unangenehm im Regen und in der Dunkelheit, auf dem Klozeltdach schwappt ein kleiner See.

Tag 2: Beim Wecken um 6.30 Uhr scheint wieder die Sonne, es wird aber nur langsam wärmer. Unser Frühstück findet im Freien statt: Porridge, verschiedene Arten der Eierzubereitung, gebratener Schinken, sehr englisch.

Wir wandern noch 2,5 Stunden durch den Regenwald, dann erreichen wir offenes Moorland. Wieder ändert sich die Vegetation: Baumheide, Protea und viele uns unbekannte Pflanzen.

Zum Mittag treffen wir auf unsere Crew, die ein Lunch mit heißer Suppe vorbereitet hat, außerdem gibt es Rohkost, Früchte und heißen Tee.

Nun gehen wir in den Nebel hinein und erreichen das Camp Shira I. Wir steigen bergan und gehen auch bergab, ein Manöver, um uns an die Höhe zu akklimatisieren. Unser Weg führt uns um das Kratermassiv herum, meist auf einer Höhe von 4500 Metern, mal 200 bis 300 Höhenmeter den Berg hinauf, aber am Abend wird auf niedrigerer Höhe geschlafen. In Shira I reißt die Wolkendecke auf und Teile des Kibos, der Gipfel des Kilimandscharos, werden frei.

Heißes Wasser, Tee in der Messe und warme geröstete Peanuts zur Begrüßung erwarten uns am Schlafplatz. Das Einrichten unserer Zelte klappt schon sehr viel schneller.

Tag 3: Wir sind die Truppe der Mamas und Papas – so werden wir von unserer Crew bezeichnet - und so fühlen wir uns auch.

Beim Wake-Up-Call mit Kaffee, Tee oder Kakao liegt ein wenig Schnee und Eis vor dem Zelt. Wir besteigen die Shira-Cathedral (3900 m), ein Bergmassiv wie eine gotische Kathedrale, und rasten danach bei einem Picknicklunch. Über die drei Shira-Hills erreichen wir Camp Shira II. Hier sind wir nicht mehr allein, mehrere Gruppen zelten in unserer Nähe, direkt vor der

Haustür eine Gruppe kerniger Bergsteiger aus Kärnten. Wir müssen uns ins Buch der Shira-Hütte eintragen. Uns wird um 17.00 Uhr und um 20.00 Uhr zweimal ein Menü serviert. Wir sind pappsatt. Heute ist der Gipfel völlig frei, ein herrlicher Blick in der untergehenden Sonne. Der Tag bescherte uns erneut völlig unbekannte Blumen, besondere Arten von Lobelien und Strohblumen.

Tag 4: Heute wollen wir das Barranco-Camp am Fuße der Barranco-Wall erreichen. Wir starten bei herrlichem Sonnenschein wie üblich gegen neun Uhr. Es wird ein langer und schwerer Tag, 8 Stunden liegen vor uns. Wir frühstücken ausgiebig und trinken noch mehr als gewöhnlich, wir wollen keine Kopfschmerzen bekommen.

Felix steigt wie immer ganz langsam, wir folgen artig in angepasstem Schritttempo, unsere Reihe bildet sich immer besser. Beim Aufstieg gibt es nach jeder Stunde eine kurze Trinkpause, dann erfolgt das Kommando „Auf geht's". Nach zweieinhalb Stunden ist die erste Anhöhe erreicht. Nun geht es in Richtung Lava Tower, der auch von den Kärtnern angesteuert wird. Von ihnen bekommen wir das unerwartete dicke Lob: "Ihr steigt gut!"

Heute sind viele unterwegs. Eine Gruppe mit jungen Schweizern meint, uns überholen zu müssen. Wir treffen sie auf der nächsten Bergkuppe ohne Atem, einige müssen sich übergeben. Nach sanftem bergan und bergab rasten wir im Tal am Fluss. Nun sind es nur noch 2 Stunden bis zum Camp. Der Abstieg ist für einige von uns doch sehr anstrengend. Susanne und ich hätten das „Tal der Blumen" stürmen können. Quick und wirsch landen wir im Camp. Ich habe jedoch stärkere Rückenverspannungen und verschwinde mit Kopfschmerzen im Zelt.

Hoffentlich geht es morgen besser. Der Rest der Gruppe hat auch so dies und das, vor allen Dingen Kopfschmerzen. Sollten es erste Anzeichen der Höhenkrankheit sein?

Tag 5: Der Weg bringt uns zum Karanga-Camp. Gut fünf Stunden Wanderzeit sind zu bestehen. Die steile Barranco-Wall hinauf erfordert ein wenig Kletterei, für die weniger Geübten unter uns ist es anstrengend. Dann bergab – ebenfalls schwierig, es rutscht!. Noch einmal bergauf – bergab ins Karangatal. Wir schlagen das Lager aber nicht im Tal, sondern auf einem windgeschützten Hügel auf, Felix will der Kälte aus dem Weg gehen. Lunch heute um 15.00 Uhr, der Nachmittagswalk fällt aus, da sich der Himmel zuzieht. Noch 30 Stunden bis zum Gipfelsturm. Heute Nacht treffe ich Henning vor dem Zelt, wir pinkeln eine Glitsche.

Tag 6: Morning Call mit Getränken in gewohnter Weise – Edward erfragt wie immer unser Befinden. Wie Felix uns später erzählt, ist der Morgenweckruf wichtig, um über die eventuell beginnende Höhenkrankheit Bescheid zu wissen. Dies ist am besten nach der Nacht und noch im Zelt zu überprüfen, bevor die Sonne uns erwärmt.

Unser Weg dauert 5 Stunden, wir haben wieder herrliches Wetter, der Kibo glänzt in der Sonne. Unser Weg führt uns die Barafuwand hinauf, er ist für Geübte kein Problem. Wir lassen das Basis-Camp für den

Gipfelaufstieg hinter uns und schlagen ein Lager 200 Meter höher auf. Dort sind wir allein, zwar pfeift der Wind und das Klozelt fliegt fast weg, doch wir sind mit 4800 Metern Höhe dem Gipfel ein wenig näher. Nur noch 1000 Höhenmeter vom Ziel. Der letzte Teil des Weges führt steil bergan über riesige Steine, wir sind froh, dass wir diesen Weg nicht in der Nacht gehen müssen.

Unser Abendessen verläuft um 17.00 Uhr einsilbig, wir sollen unsere Sachen bereitlegen und versuchen, noch ein wenig zu schlafen. Um Mitternacht soll der Gipfelsturm beginnen.

Sachen bereitlegen heißt für Susanne:
2 lange Unterhosen
1 normale Unterhose
1 Paar Wollsocken
Wanderstiefel
2 Odlohemden lang und kurz
Ronohemd
1 Kaschmirpullover
1 Fleeceshirt
1 winddichte Northfacejacke
2 Paar Handschuhe
1 Wollmütze,
 Odlohemd, das unter der Wollmütze getragen wird
 Taschenlampe
Gesicht mit Sonnencreme und Nivea schützen,
Lippen schützen
Trinkflasche
Dextro-Energen
Rucksack

Draußen ist es kalt und wir erwarten heftigen Wind und noch geringere Temperaturen.

In Wollsocken, Helli Hansen Hemd und Fleeceshirt wird im Schlafsack versucht zu schlafen, die Windjacke wird über die Hüften gelegt. Susanne ist mollig warm, sie kann gut einschlafen. Ich warte, dass die letzten fünf Stunden vor dem nächtlichen Weckruf schnell vergehen.

Um 24.00 Uhr beginnt der Gipfeltag: Noch kurz vor Mitternacht werden wir mit einem warmen Getränk und Keksen geweckt. Unser Messzelt ist im Sturm zusammengebrochen, ebenso das Klozelt.

Für Susanne ist Beeilung angesagt, Renate fragt schon nach, ob sie mit zum Gipfel will. Blase entleeren, umziehen, da die Bettklamotten feucht sind und deshalb nicht mehr wärmen. Meine schwarze Unterhose wird bereits seit einer Woche getragen, weil sie besonders warm und weich ist. Ich habe das Gefühl, ich beginne zu stinken. Gründliche Wäsche geht prima im Zelt, wir bekommen warmes Wasser an der Zeltöffnung in eine Schüssel gegossen.

Doch nun zum Prozedere des Aufstiegs. Ich habe mich in Windeseile angezogen und dabei das Zelt mehrmals ins Wanken gebracht, habe Sachen gewechselt und stehe in voller Montur bereit.

Beeilung, Beeilung, man wartet auf uns, die verschiedenen Klettverschlüsse sind zu schließen – endlich ist alles geschafft. Felix hat uns eingetrichtert, beim Aufstieg nur auf den Weg zu gucken und keine Sternschnuppen zu zählen. Stetig und sehr langsam geht es den Berg hinauf, es ist kalt und windig, meine Kleidung habe ich gut gewählt. Alle gehen stetig, keine Vorkommnisse. Erste Rast nach 1,5 Stunden. Ich habe das Gefühl, wenn ich mich jetzt hinsetze, schlafe ich ein. Ich könnte sogar im Gehen schlafen. Ein wenig trinken und weiter geht's. Wir haben keinen Hunger, Bonbons sind nicht zu gebrauchen, da wir sie bei der Kälte nicht auswickeln können. Nach ca. 2 Stunden fällt meine Taschenlampe aus. Wir können nur noch Susannes Handleuchte benutzen, die aber 10 Minuten später ebenfalls ausfällt. Glücklicherweise gelingt es mir, die Batterien zu wechseln, die gut in der Jacke verstaut sind. Die Lampe beleuchtet den Weg bis zum Gipfel. Am Berg sehen wir in einiger Entfernung viele weitere Gruppen, die wie sich wie leuchtende Lindwürmer ebenfalls nach oben bewegen. Erika geht ungleichmäßig, nach der nächsten Rast gehen wir weiter vorn, doch Carola läuft auch nicht besser. Es wird steiler, deshalb geht es fast nur noch stop and go. Der Rhythmus ist hin, es wird kälter. Kurze Zeit später bekommt Carola einen der Pusher, die vorsichtshalber von Felix für den Gipfelanstieg mitgenommen werden.

Dann aber: Am Horizont erscheint der erste rote Streifen, es dämmert. Die letzten 200 Höhenmeter werden schwierig, nur noch Geröll, das immer wieder ins Rutschen gerät. Glücklicherweise ist der Boden noch hart gefroren, so dass der Untergrund nicht endlos nachgibt. Atmen und Gehen müssen gut aufeinander abgestimmt werden. Dann haben wir Stella Point, den Kraterrand erreicht. Der Berg gilt bergsteigerisch erklommen. Alle sind glücklich. Nach kurzer Zeit geht es uns wieder besser. Mein Magen beruhigt sich. Nach den ersten Gipfelfotos am Kraterrand gehen alle, bis auf Barbara, zum Uhuru Peak weiter. Weitere 1,5 Stunden und 150 Höhenmeter. Der Anstieg ist aber ohne große Steigungen, so dass wir zügig den Gipfel erreichen. Die Sonne wärmt uns,

großartige Fernsicht und Blicke, in der Ferne liegt
Moshi, rechts der tiefe Krater und links der Gletscher.
Wenn nicht die Luft so dünn wäre, ein netter
Nachmittagspaziergang. Kurze Rast, keine aus-
gedehnte Gipfelfeier auf dem höchsten Punkt von
Afrika, Fotos und dann Aufbruch zum Abstieg.

Wir trennen uns von der Gruppe, um schneller unten
zu sein, damit ich mich auf niedriger Höhe von dem
Anflug der Höhenkrankheit erholen kann. Unsere
Frauen mit dem niedrigen Blutdrück kommen deutlich
besser mit der Höhe zurecht, dafür frieren sie aber
immer an den Füßen während der Nacht im Zelt. Der
erste Teil des Abstiegs zu unserem Camp zurück ist in
kurzer Zeit geschafft. Wir rutschen wie auf einem
Skihang über die jetzt lockeren Steinplatten. Unser
Führer findet nicht den richtigen Weg, so dass wir
zwischendurch noch einmal kurz steigen müssen.
Ruhepause im Zelt für knapp 2 Stunden, wir sind jetzt
gut 10 Stunden auf den Beinen.

Nach einem kleinen Imbiss beginnt die nächste
Etappe. Der Abstieg zur Mweka Hütte dauert noch
einmal 6 Stunden. In Zahlen: Barafu Camp auf 4800 m,
Uhuru Peak 5895 m, Mweka Camp auf 2800 m. Allen
wird der Weg sehr lang und die Stimmung ist ein
wenig gedrückt. Nur ich laufe wieder zur Normalform
auf, ich hätte noch ein paar Kilometer zulegen können.

Im Camp gibt es Lunch, einige essen wenig, die
Anstrengung sitzt im Körper, außerdem ist wieder
Lariam-Tag, das einige von uns zur Malaria-
Prophylaxe schlucken. Im riesigen Camp wird es
schnell ruhig und alle schlafen früh. Wie sich später
herausstellt, zieht sich Carola bei einem unglücklichen

Stolpern über eine Wurzel vor dem Messzelt einen Steißbeinbruch zu. Natürlich behindert sie dieser Bruch beim morgigen weiteren Abstieg.

Tag 8: Heute wird ohne Morning-Call geweckt, dafür werden wir von unserer Crew mit dem Kilimandscharo -Song verabschiedet. Fotos der Gruppe in allen Variationen werden geschossen, bevor die letzte Etappe beginnt. Der Abstieg zur Mweka-Gate dauert 5 Stunden. Wir haben wieder Glück, es regnet nicht und deshalb ist der Untergrund einigermaßen zu begehen. Bei starkem Regen soll diese Strecke bis zu 10 Stunden in Anspruch nehmen. Wir glauben es, einige legen sich ab und zu seitwärts in den Matsch, da ausgerutscht oder festgeklebt im tiefen Morast. Vorsicht ist bei jedem Schritt angesagt. Unser Gemurre nimmt zu, dadurch wird der Weg aber auch nicht besser.

Am Gate erwartet uns unsere Crew: Eintragung ins Gipfelbuch, Mittagessen aus Moshi mit einem McDonald-Päckchen, Überreichung der Zertifikate durch Felix, noch einmal einige Fotos. Abschied vom Kilimandscharo: Bei der Rückfahrt nach Ndarakwai genießen wir alle noch einmal den herrlichen Blick auf den Kibo im Sonnenschein.

Apokalypse in Hamburg 1943

(Gen.19,24   Da ließ der Herr Schwefel und Feuer regnen vom Himmel herab)

von Fritz-Uwe Kilian im Juli 2018

Ein neuer, heißer Julitag dämmerte herauf. Als die Sonne um 4 Uhr früh aufging, hatte sie es schwer durch den Dunst zu dringen. Ein grauer Nebel aus Asche und Rauch lag über der Stadt und es wurde nur sehr langsam hell.

Die Temperatur lag morgens schon bei 22 Grad und es wurde immer wärmer. Die Eltern hatten die ganze Nacht kein Auge zugetan und saßen jetzt stumm beim Frühstück aus etwas gelblichem Maisbrot und einer Tasse Muggefuck. Der Vater war in der Nacht mit einigen Nachbarn und dem alten Hanomag mit aufmontierter Motorspritze zum Löscheinsatz nach Eppendorf und Winterhude beordert worden, ohne wirklich etwas ausrichten zu können. Immer in Gefahr, durch einstürzende Ruinen begraben oder durch Blindgänger zerfetzt zu werden. Sie waren erst gegen Morgen wieder nach Hause gekommen, mit Brandgeruch in den Kleidern.

Wir Kinder sprangen früh aus dem Bett und wollten raus zum Spielen. Wir zogen die kurzen Hosen an und das selbstgenähte Hemd und liefen barfuß an den stummen Eltern vorbei in den Garten. Es waren ja Schulferien, und was machte man in dieser Zeit?

Ein unangenehmer Brandgeruch lag in der Luft, nach der letzten Bombennacht mit den britischen Bombern unter dem Command von „Bomber-Harris". Bei uns in Langenhorn-Ochsenzoll war alles heil geblieben und wir Kinder waren auch gleich nach der Entwarnung wieder eingeschlafen. Wir konnten nicht wissen, was in dieser heißen Julinacht Furchtbares in Hamburg geschehen war. Wir wussten nur, dass die „bösen Tommys" unsere Städte und – ja – auch unsere Eltern kaputt machen wollten. Ein schlimmer Feind war dabei, uns zu zerstören. Traumlos schliefen wir in dieser Nacht und konnten nicht ahnen, dass die nächste Nacht noch viel, viel schlimmer werden würde.

Wir rannten also durch die Gegend und klingelten die Nachbarjungs heraus und scheuchten Omas Dackel über die Straße, und wenn wir dabei hinfielen und uns ein blutendes Knie holten, gab es noch eine Ohrfeige dazu und die Ermahnung, doch besser aufzupassen. Wir konnten uns unbekümmert auf der Straße bewegen, und in den Gärten gab es das eine oder andere Früchtchen zu stibitzen.

Der Tag wurde immer wärmer und es war sehr still. Es gab keinen Alarm und kein Flugzeug zeigte sich am Himmel.

Vormittags mussten wir den Eltern im Garten helfen, beim Unkraut jäten oder beim Gießen der Tomatenstauden. Diese standen an der sonnigen Südwand des Hauses und bekamen auch nachts die Wärme durch die aufgeheizte Mauer. Gedüngt wurde mit Jauche aus der Sickergrube.

Als wir staubig und dreckig waren, bekamen wir in der Mittagshitze eine Zinkwanne mit kaltem Wasser aus der Gartenpumpe in den Schatten eines Baumes gestellt und durften nach Herzenslust darin plantschen.

Wir hatten nichts zu tun, als zu spielen. Eigentlich wollten wir im Haus mit der TRIX Eisenbahn spielen, aber dafür war es heute zu heiß. Am Nachmittag stieg die Temperatur wohl auf 28 Grad. Wir bauten uns am nahen Bahndamm in einem kleinen Erdloch eine Höhle und befestigten sie mit einigen Brettern. Darin konnte man herrlich ungestört in Heftchen stöbern, die „Gondel" hießen und Frauen in leichter Bekleidung zeigten. Oder wir tauschten Tütchen mit Brausepulver gegen Salmis ein oder gegen wohlschmeckende Zahnpasta, die wir als Bonbons lutschten und die irgendjemand „organisiert" hatte. Alles in allem war es ein unbeschwerter Tag für uns Kinder, wir fühlten uns glücklich und frei und wussten nichts von den Sorgen der Menschen, die gerade wieder eine zerstörerische Bombennacht erlebt hatten. Von einer Operation mit dem Codenamen „Gomorrha" hatten wir nie gehört. Wir wussten nichts von den Menschen, die im Bombenhagel versuchten, die mit brennendem Phosphor verschmutzte Kleidung zu entfernen, und die aus Verzweiflung in die Fleete sprangen, und wenn sie auftauchten, brannte der Phosphor auf der Haut weiter. Oder die wie brennende Fackeln durch den heulenden Feuersturm rannten und versuchten, Schutz zu finden, weil sie es nicht in einen Bunker geschafft hatten. Oder die in den Kellern erstickt waren oder auf der Straße bis zur Unkenntlichkeit verbrannten.

Nein, von diesem Grauen wussten wir Kinder nichts. Wir hatten Ferien und die Sonne schien und wir saßen in der Sandkiste und spielten „bombardieren", das heißt, wir hatten auf zwei Seiten kleine Sandtürme errichtet und versuchten nun gegenseitig, diese durch Steinchen oder ähnliches zu zerstören, denn das waren ja die Feinde.

Die Sonne brannte vom Himmel und wir Kinder lachten glücklich und freuten uns an dem schönen Julitag. Auch am Abend ließ die Hitze nicht nach, alle Menschen waren im Freien und im Schatten und saßen auf Balkonen und Treppenstufen und plauderten, tranken Elbschloss oder Kartoffelschnaps oder verbrannten im Garten das Unkraut oder sie lagen auf den Alsterwiesen, um bei der Hitze im Freien zu schlafen und hofften, dass die nächste Nacht ruhig bleiben würde. Es war ja Krieg, aber die Menschen hatten die seltsame Gabe, wenigstens für einen Tag zu vergessen und ein wenig froh zu sein. Durch unsere Gärten klang auch mal leises Lachen und hier und da spielte wohl ein Grammophon. Jeder hoffte, dass nicht schon wieder ein Angriff stattfinden würde und man für einen Augenblick aufatmen konnte, und hoffte auf eine Abkühlung in der Nacht.

Aber es sollte auf grauenhafte Weise ganz anders kommen.

Bei unserem Toben durch die Gärten kamen wir an einer kleinen Laube vorbei, deren Fester aufstand und wir Kinder schlichen heran, waren aber zu klein, um durch die Öffnung zu sehen. Wir hörten, wie jemand halblaut sagte:
„Der Churchill, der Bluthund, der Totengräber Deutschlands, hat seinen Bomber-Harris beauftragt, Hamburg zu vernichten!"

Wir verstanden das nicht und rannten weiter zu unserem Garten.

Die Stadt war durch die lange Hitzeperiode aufgeheizt wie ein Backofen und auch bei uns im Zimmer war es stickig warm. Zum späten Abendbrot gab es gestobte Bohnen mit einer dünnen Brühe und 2 Scheiben Brot und einem Apfel als Nachtisch. Unsere Oma lagerte im Keller die Äpfel auf hölzernen Regalen neben der Waschküche und sagte immer zu uns: „Ihr müsst immer die schlechten zuerst essen", sodass wir eigentlich immer schlechte Äpfel zu essen bekamen.

Spät wurden unsere staubigen Gesichter, Hände und die schwarzen Füße wieder mit kaltem Wasser und einem Stück Kernseife in der verzinkten Wanne gewaschen. Wir hatten einen fröhlichen Tag mit Spielen und Umhertollen verbracht und als wir müde, aber froh zu Bett gebracht wurden, hörten wir nicht mehr die schnarrende Stimme des Drahtfunks: „ACHTUNG, ACHTUNG, starke Verbände im Anflug auf die Deutsche Küste!"

Wenig später heulten die Sirenen, und alle Schlunde der Hölle taten sich auf und die Stadt versank in einem 1000 Grad heißen Feuersturm, der alles bisher Erlebte an Grauen übertraf und alles Lebende verbrannte, auch Eisen und Stein brannte.

Die Sonne am nächsten Morgen weigerte sich, den Tag zu erhellen.

Nachsatz:
Wenn nicht Tausende Menschen aus der Stadt und Kinder in die Kinderlandverschickung evakuiert worden wären, dann hätte es nicht 40.000 Tote sondern 100.000 Tote oder mehr gegeben. Und das ganze Elend sollte noch tagelang fortdauern! Am Tage flogen die Amerikaner, in der Nacht die Briten.

Elbspaziergang und mehr

von Wolfgang Trautmann , Juli 2018

In Hamburg lebten zwei Ameisen,
die wollten nach Australien reisen.
Bei Altona auf der Chaussee
da taten ihnen die Beine weh,
und da verzichteten sie weise
dann auf den letzten Rest der Reise.
(Ringelnatz)

Bis nach Australien wollen wir auch nicht. Unsere bevorzugte Strecke ist von Övelgönne bis Teufelsbrück oder weiter bis nach Blankenese. Man vermeide Spaziergänge an Tagen mit sehr gutem oder mit ganz schlechtem Wetter: Entweder ist es dann zu voll auf der Elbpromenade und man sieht nur Menschen, oder Wind und Regen durchnässen Dich binnen kurzem von oben bis unten. Auch an anderen Tagen ist Obacht beim Bewundern der Szene geboten: „Gegenverkehr", Pfützen, Hunde, Kinder, Jogger, Radfahrer. Aber die Aussichten, Geräusche und Gerüche sind einzigartig und inspirierend:

Die Aussichten: Der Blick auf Strand mit Menschen und Hunden, graubraunes Wasser, das nur bei blauem Himmel etwas blau ist; der Wechsel von Ebbe und Flut; die Sicht zurück auf den Hafen mit Masten und Kränen; die kleinen und die riesigen Schiffe mit rätselvollen Namen, Herkunftsorten, einige mit hochgetürmten Containern; auf den Schiffen ist kein Mensch sichtbar; die emsigen Hafen- und Elbfähren, in Bügeleisenform; die Lotsenboote mit Lotsenwechsel über die Bordwand; vereinzelt Segelschiffe; die grünen und roten Tonnen, die das Fahrwasser markieren und sich gemäß Ebbe und Flut neigen; am Strand der riesige Granitfindling, mit der Eiszeit aus Schweden gekommen. Der Blick zum anderen Elbufer mit Schiffs- und Flugzeug-Werften, dem Alten Land, dahinter die andere Seite des Urstromtals mit Harburger Bergen; bei Teufelsbrück der englisch anmutende Jenisch-Park mit dem feinen Herrenhaus und seinen großen Wiesen; die Anlegepontons mit eilenden Menschen und Booten. Der Geesthang mit seiner besonderen Vegetation. Elbabwärts der Blick auf die aufkommenden und abgehenden Schiffe, die Villen der Reichen, der Süllberg, der Leuchtturm bei Blankenese und davor das bezaubernde Treppenviertel.

Die Geräusche: Das Schlagen der Wellen, das leise Rauschen des Stroms, das Tuckern der kleinen Boote, das Stampfen, Wummern und Brummen der großen Schiffsmaschinen, das Quietschen und Klingeln der Fahrzeuge und Kräne in den Containerhäfen, Möwengeschrei, Hundegebell, Windgeräusche, der Lärm von der Elbchaussee und von den Flugzeugen bei Airbus.

Gerüche: Ein leicht brackiger Geruch des Flusswassers. Riecht es schon nach salzhaltigem Meerwasser? Ich denke an den Ölgeruch früherer Zeiten von der Raffinerie gegenüber. Heute kann es von den Buden und Lokalen auch mal nach Frittenfett, Würstchen oder Glühwein riechen.

Gedanken und Erinnerungen:
An die Kindheit, als wir noch in Harvestehude wohnten und man dort häufig das Tuten der Dampfer hörte. Meine Mutter empfand den fernen Hafenlärm als beruhigend. Für sie standen die Geräusche der Hafenschiffe nach dem Krieg für einen normalen

Hafenbetrieb, also für Frieden. An Spaziergänge als Kind, später mit Kindern, mit Enkelkindern: „Geht nicht zu nah ans Wasser, Vorsicht vor den Wellen!" Erinnerungen an eisige Winter mit zugefrorener Alster und auf der Elbe Eisgang und Packeis, in dem wir herumkletterten und ermahnt wurden, dem Wasser nicht zu nahe zu kommen. Bilde ich es mir ein, dass ich vom Strand von Othmarschen Ende der 1940er Jahre gegenüber bei Finkenwerder Wasserflugzeuge sah, die die Luftbrücke nach Berlin unterstützten? Erinnerungen an Sturmfluten mit Landunter in Teilen Hamburgs und vielen Toten; in der Schule bekamen wir danach zur Linderung der Not, die wir nicht hatten, eine Spende aus Griechenland: für jeden eine Tüte mit Korinthen; wir waren gerührt, machten aber Witze darüber. Gedanken an meine beruflichen Besuche auf der jetzt nicht mehr bestehenden Raffinerie Finkenwerder: Gespräche mit Kollegen über Miet- und Bauverträge, Genehmigungen, Schadensfälle und Altlasten mit kriegsbedingten Bodenverunreinigungen.

Die Gedanken gehen flussaufwärts in die dörflichen Vier- und Marschlande mit der Gedenkstätte Neuengamme, in die kleine Stadt Werben mit der riesigen gotischen Backsteinkirche St. Johannis, dem Elbtor und Blick auf die Elbmarsch, in die Gemeinde Rühstädt mit den Storchenkolonien auf Häusergiebeln und großen weißen Flecken auf roten oder schwarzen Dächern. Nach Havelberg, der Dom hochgelegen, mit wuchtigem Westbau, den wir mit der Radgruppe von der Stadt aus bei einem Eis im Blick hatten. Nach Wittenberg und Martin Luther. Nach Meißen mit der Besichtigung der Porzellanmanufaktur, dem sauren Elbwein, den wir dort probierten. Gedanken an die Meißner Vase mit Blumendekor und dunkelblauem Rand, die mein Vater in der Nachkriegszeit als

Bauhilfsarbeiter ausgegraben hatte: jetzt bei uns im Schrank. Dresden mit dem ersten Besuch bald nach der Wende, noch mit marschierenden russischen Soldaten und Parkplatzwächtern, die uns auf Sächsisch anschnauzten. Das Tanken an einer Minol-Tankstelle, wo sich der Schlauch aus dem Stutzen löste und ich eine Benzindusche bekam und in der Aufregung anschließend einen Wartburg anfuhr: Schadensregulierung mit 100 DM in bar an Ort und Stelle. Später der erste Besuch der wiederaufgebauten Frauenkirche mit Gänsehautgefühl, Erinnerungen an einen sonnigen Spaziergang zu den Elbschlössern und zum Weißen Hirsch, an Fahrten mit dem Raddampfer nach Schloss Pillnitz nach dem Hochwasser. Der Blick vom Elbsandsteingebirge auf den Fluss und die Raddampfer.

Flussabwärts: Erinnerungen an Helgolandfahrten mit der „Wappen von Hamburg": Große Langeweile zwischen Schulau und Cuxhaven, aber Aufregung beim Ausbooten und bei der Zollkontrolle wegen Zigaretten und Whisky, der Rundgang auf dem roten Felsen mit langer Anna und brütenden Lummen und Basstölpeln. Fahrten mit der Englandfähre von Hamburg nach Harwich in Vorfreude auf eine Südengland-Rundfahrt. Erinnerungen an eine Wattwanderung nach Neuwerk, bei der eine Mitwanderin halb im Watt versank, Wespenstich im Mund einer anderen und ich: Migräneanfall im Hotel auf Neuwerk. Jeder Tropfen Elbwasser aus Sachsen kommt hier vorbei.

Apropos Ameisen und Australien: Kommen Tropfen des Elbwassers auch in Australien an, wohin die Ameisen wollten? Wohl eher nicht.
Oder doch?

Quellen zum Text
„Euthanasie in der Heil- und
Pflegeanstalt Hamburg Langenhorn"
auf Seite 19

1) https://de.wikipedia.org/wiki/Euthanasie;
   1.2.2017; 10:41 Uhr

2) Hoche, Alfred; Binding, Karl: Die Freigabe der
   Vernichtung lebensunwerten Lebens, Felix Meiner
   Verlag; 1920; Leipzig

3) https://de.wikipedia.org/wiki/
   Herrenvolk_und_Herrenrasse#.E2.80.9EHerrenvolk.
   E2.80.9C_und_.E2.80.9EHerrenrasse.E2.80.9C_im_N
   ationalsozialismus

4) Anja Lobenstein-Reichmann: *Houston Stewart
   Chamberlain. Zur textlichen Konstruktion einer
   Weltanschauung ; eine sprach-, diskurs- und
   ideologiegeschichtliche Analyse.* De Gruyter, Berlin
   2008, ISBN 9783110210866, S. 644–651, zit. 644, 650,
   651.

5) http://www.swr.de/erster-weltkrieg/
   kriegsgeschehen/1918-kriegsende/-/id=12638908/
   did=13050780/nid=12638908/1kxig7u/index.html

6) Reichsgesetzblatt, 1933 I, S. 529–531

7) http://www.planetwissen.de/geschichte/
   nationalsozialismus/
   nationalsozialistische_rassenlehre/
   pwieeuthanasieimdrittenreich100.html;
   20.1.2017;15:03 Uhr

8) Rotzoll, Maike (Herausgegeben von) / Hohendorf,
   Gerrit (Herausgegeben von) / Fuchs, Petra
   (Herausgegeben von) / Richter, Paul
   (Herausgegeben von) / Mundt, Christoph
   (Herausgegeben von) / Eckart, Wolfgang U
   (Herausgegeben von) „Die nationalsozialistische

>>Euthanasie<<- Aktion >>T4<< und Ihre Opfer. Geschichte und ethische Konsequenzen für die Gegenwart"; Schönigh Verlag; 2010; Paderborn; S.14 Z.2+3

9) Gedenktafel in Berlin in der Tiergartenstraße 4

10)https://de.wikipedia.org/wiki/ Clemens_August_Graf_von_Galen#Drei_kritische_P redigten_.281941.29

11)http://ns-euthanasie.de/index.php/aktion-14f13; 13.02. 2017; 12:05 Uhr

12)http://ns-euthanasie.de/index.php/programme; 1.1.2017; 20:01 Uhr

13)Rotzoll, Maike (Herausgegeben von) / Hohendorf, Gerrit (Herausgegeben von) / Fuchs, Petra (Herausgegeben von) / Richter, Paul (Herausgegeben von) / Mundt, Christoph (Herausgegeben von) / Eckart, Wolfgang U (Herausgegeben von) „Die nationalsozialistische „Euthanasie" - Aktion „T4" und Ihre Opfer. Geschichte und ethische Konsequenzen für die Gegenwart"; Schönigh Verlag; 2010; Paderborn; S. 14 Z.3-4.

14)Daten aus einem Interview mit Frau Dr. Meyer-Lenz (ehem. Lehrbeauftragte der Universität Hamburg für europäische Geschichte).

15)https://de.wikipedia.org/wiki/ Geschichte_der_Euthanasie#Beginn_der_Ermordun g_von_Kindern

16)Susanne Benzler: Justiz und Anstaltsmord nach 1945. Kritische Justiz, 21, 2

17)ZStLJVL, VI 439 AR 402/67, Band 2, Aussage von Hans Hefelmann

18)ThHStaW, ThMdI, E 1111, RdErl. d. RMdI vom 18.8.1939, "IV b 3088/39-1079 Mi-, betr. Meldepflicht für mißgestaltete usw. Neugeborene"

19) ZSLJVL, 147 Js 58/67, Anklageschrift gegen Lensch und Dr. Struve der StA beim Landgericht Hamburg vom 24.4.1973, S. 134

20) ZSLJVL, 147 Js 58/67, Anklageschrift gegen Lensch und Dr. Struve der StA beim Landgericht Hamburg vom 24.4.1973, S. 138

21) Bericht der Kommission der med. Fakultät der Friedrich-Schiller-Universität Jena zur Beteiligung von Prof. Dr, Jussuf Ibrahim an der Tötung schwerstgeschädigter Kinder im Nationalsozialismus, Jahr 2000

22) Zentrale Stelle der Landesjustizverwaltungen Ludwigsburg, Js 17/59 (GstA) Anklageschrift Heyde, Bohne und Hefelmann vom 22.5.1962, S. 82-83

23) Dietrich Eckart, Der Bolschewismus von Moses bis Lenin, Zwiegespräche zwischen Adolf Hitler und mir, München 1924, S. 35

24) Overlack, Victoria: Zwischen nationalem Aufbruch und Nischenexistenz. Evangelisches Leben in Hamburg 1933-1945; Hamburg 2007, S. 33

25) Overlack, Victoria: Zwischen nationalem Aufbruch und Nischenexistenz. Evangelisches Leben in Hamburg 1933-1945; Hamburg 2007, S. 35

26) * 15. Juli 1860 in Genf; † 15. April 1940 in Glücksburg; evangelischer Theologe und Mitbegründer der Deutschen Christen

27) https://de.wikipedia.org/wiki/Deutsche_Christen; 24.2.2017; 17:22 Uhr

28) Muss hier eine Fußzeile hin?

29) aus: Wolfgang Sauer, Universität Hannover (1997/98): *Volkstum gegen Bekenntnis. Die Richtlinien der Deutschen Christen und die Barmer Theologische Erklärung*, S. 7

30) https://www.dhm.de/lemo/kapitel/ns-regime/innenpolitik/christen; 12.2.2017; 13:36 Uhr

31) https://www.dhm.de/lemo/kapitel/ns-regime/innenpolitik/christen; 12.2.2017; 13:36 Uhr

32) http://www.lexikon-drittes-reich.de/Deutsche_Christen; 24.2.1017; 17:52

33) https://www.dhm.de/lemo/kapitel/ns-regime/innenpolitik/bekennende-kirche.html; 12.2.2017; 16:30 Uhr

34) Wurm 1937

35) Wurm 1938

36) Erklärung der „Deutschen Evangelischen Kirche" am 29. Mai 1934 auf der zweiten Bekenntnissynode in Barmen, in denen sechs Thesen formuliert wurden, die sich gegen die „Deutsche Christen-Bewegung" und den Nationalsozialismus wandten.

37) https://de.wikipedia.org/wiki/Franz_T%C3%BCgel

38) Die St. Jürgen Kirche ist die Kirche gewesen, die damals für die Anstalt in Ochsenzoll verantwortlich war. Sie wurde unter den Nationalsozialisten 1938/39 erbaut. Zachäus ist eine kleinere Kirche, die erst 1973 errichtet worden ist. 2009 schlossen sich beide Gemeinden zusammen.

39) Pastor Wolfgang Peper hat sich beruflich wie privat mit dem Thema Euthanasie intensiv beschäftigt. Er hat ein Sabbatjahr eingelegt, um nach Wien zu fahren und dort gezielt zu diesem Thema zu forschen.

40) Zitat: Brief von Pastor Hahn an seinen Freund Harten am 28.3.1933.

41) 1893-1993 100 Jahre Allgemeines Krankenhaus Ochsenzoll, S. 4

42) 1893-1993 100 Jahre Allgemeines Krankenhaus Ochsenzoll, S. 8

43) ebendort

44) ebendort

45) LG Hamburg 14 Js 265/48, Bd. 2, Bl. 215 ff Aussage Obersenatsrat Kurt Struve

46) Hertz, Maria Dorothea: 1893 – 1993 100 Jahre Allgemeines Krankenhaus Ochsenzoll; Hamburg 1993 S.115

47) 1893-1993 100 Jahre Allgemeines Krankenhaus Ochsenzoll, S. 8

48) Alles weitere: 1893 – 1993 100 Jahre Allgemeines Krankenhaus Ochsenzoll, S. 5 ff

49) Burlon, Marc; Die Euthanasie an Kindern während des Nationalsozialismus; Hamburg 2009, S. 55 f

50) Burlon, Marc: Die Euthanasie an Kindern während des Nationalsozialismus, Hamburg 2009, S. 54

51) Von Rönn, Peter; Böhme, Klaus; Lohalm, Uwe: Wege in den Tod, Hamburg 1993, S. 9

52) Von Rönn, Peter: 1893 – 1993 100 Jahre Allgemeines Krankenhaus Ochsenzoll; Hamburg 1993, S. 132

53) Von Rönn, Peter: 1893 - 1993 100 Jahre Allgemeines Krankenhaus Ochsenzoll, Hamburg 1993, S.131

54) Wunder, Michael: Wege in den Tod; Hamburg 1993, S. 392

55) Akte: STAHH; Bestand: 352-8/7; Nr.: 7a; 6.1.2017

56) Alle Zitate aus: von Rönn, Peter: Wege in den Tod, Hamburg 1993; S. 139-144

57) Burlon, Marc: Die Euthanasie an Kindern während des Nationalsozialismus, Hamburg 2009, S. 66 f

58) LG Hamburg 14 Js 265/48, Bd. 6, Bl. 26. Paula Harberg

59) LG Hamburg 14 Js 265/48, Mutter von Kind D. K.

60) LG Hamburg 14 Js 265/48, Vermerk 12.07.48

61) Burlon, Marc: Die Euthanasie an Kindern während des Nationalsozialismus, Hamburg 2009, S. 65

62) Burlon, Marc: Die Euthanasie an Kindern während des Nationalsozialismus, Hamburg 2009, S. 146 f

63) https://de.wikipedia.org/wiki/Friedrich_Knigge

64) Burlon, Marc: Die Euthanasie an Kindern während des Nationalsozialismus, Hamburg 2009, S. 68

65) **oder:**LG Hamburg 14 Js 265/48, Bd. 1, Bd. 76

66) LG Hamburg 14 Js 265/48, Bd. 1, Bl. 126

67) LG Hamburg 14 Js 265/48, Bd. 1, Bl. 79R

68) LG Hamburg 14 Js 265/48, Bd. 1, Bl. 154. Knigge Lebenslauf Sonderband Langenhorn – Kinderabteilung -, Bl. 33; Bd. 1, Bl. 76.

69) Landeskirchliches Archiv Kiel; Bestand: 32.14.01; Nr. 899

70) Buch der Kirchenvorstandssitzungen der protestantischen Kirchen in Langenhorn um Die Jahre 1935-1945. Kirchenarchiv der protestantischen Kirche St. Ansgar Kirche Langenhorn

71) LKAK; Bestand 32.03.01; Nr. 979 II-IV

72) LKAK; Bestand 32.03.01; Nr. 979 II-IV

73) Akte: LKAK; Nr.: 979I; Bestand: 32.03.01; 9.12.2016

74) LKAK; Bestand 32.03.01; Nr. 979 II-IV

75) ebendort

76) LKAK; Bestand: 32.01; Nr. 1562; Seite 9

77) LKAK; Bestand 32.03.01; Nr. 979 II-IV

78) Akte: LKAK; Nr.: 979I; Bestand: 32.03.01; 9.12.2016

79) LKAK; Bestand 32.03.01; Nr. 979 II-IV

80) Akte: LKAK; Nr.: 61; Bestand: 39.01; 9.12.2016

81) https://de.wikipedia.org/wiki/Theodor_Knolle; 27.2.2017; 17.03 Uhr

82) LKAK; Bestand 32.03.01; Nr. 979 II-IV

83) Das Interview erschien im Buch „Wege in den Tod"

84) Wunder, Michael; Wege in den Tod; Hamburg 1993; Seite 392

85) Wunder, Michael; Wege in den Tod; Hamburg 1993; S. 392

86) STAHH, Staatskrankenanstalt Langenhorn 146, Berichte über besondere Vorkommnisse im Anstaltsbetrieb. Darin die Aussage Ernst Rittershaus

vom 10.09.1937.

87)Wege in den Tod, S.420
88)LG Hamburg 14 Js 265/48, Aussage des Amtsarztes Maintz. Bd. 4, Bl. 124R.
89)Landeskirchliches Archiv Kiel; Bestand: 32.14.01; Nr. 899

8. Quellenverzeichnis

8.1. Archivarisches Quellenverzeichnis

Staatsarchiv Hamburg:

Signatur	Bestand
033	213-12_0013
068	213-12_0013
070	213-12_0013

Landeskirchliches Archiv Kiel:

Signatur	Bestand
1544	32.01
1563	32.01
2281	32.01
979 II-IV	32.03.01
1531	32.01
1562	32.01
262	32.01
899	32.01

Andere:

-Buch der Kirchenvorstandssitzungen der evangelisch-lutherischen Kirchengemeinde St. Ansgar Langenhorn im Zeitraum der NS- und Nachkriegszeit.

8.2. Literarische Quellen

Hoche, Alfred; Binding, Karl: Die Freigabe der Vernichtung lebensunwerten Lebens, Felix Meiner Verlag; 1920; Leipzig

Rotzoll, Maike / Hohendorf, Gerrit / Fuchs, Petra / Richter, Paul / Mundt, Christoph / Eckart, Wolfgang U.: (Herausgegeben von) „Die nationalsozialistische >>Euthanasie<<- Aktion >>T4<< und Ihre Opfer. Geschichte und ethische Konsequenzen für die Gegenwart"; Schönigh Verlag; 2010; Paderborn;

Herbert Diercks; Beiträge zur Geschichte der nationalsozialistischen Verfolgung in Norddeutschland; **17 – Forschungen zur nationalsozialistischen Gesundheits- und Sozialpolitik**; S.12; Edition Temmen; 2016; Bremen

Marc Burlon; Die "Euthanasie" an Kindern während des Nationalsozialismus in den zwei Hamburger Kinderfachabteilungen; Universitätsklinikum Hamburg-Eppendorf; 2009; Hamburg

8.3. Web-Quellen

LeMo.de
ns-euthanasie.de
wikipedia.com
planet-wissen.de

Quellen zum Text
„Von den Nationalsozialisten verfolgt - aus Langenhorn deportiert - das Ehepaar Bertha und Dr. Paul Oppens "
auf Seite 105

1; 4; 5; 7; 8; StaH 213-11 Staatsanwaltschaft Landgericht Hamburg, 4596-41 P.Oppens;

StaH 213-13 Landgericht Hamburg, Z 3013;

StaH 231-3 Handelsregister, A 6 Bd 24 Nr. F 6027, A 6 Bd 61 Nr. F 14968, A 7 Bd 42 Nr. P 10437, A 7 Bd 42 Nr. P 10438;

StaH 233-2, Notare, 76, 78;

StaH 241-2 Justizverwaltung-Personalakten, A 2849, P 1179;

StaH 242-1 II Gefängnisverwaltung II, Abl. 13, Gefängniskartei Männer, Gefängnisverwaltung II, Abl. 16, Untersuchungshaftkartei Männer;

StaH 311-3 I, Abl. 1989 Finanzbehörde I, 305 -2 -1 / 175 Nr. 4413, Nr. 4570 (Kartei Silbergeschirr);

StaH 314-15 Oberfinanzpräsident, R 1938 – 3493 Oppens, Paul, R 1940 - 440 Oppens, Paul, R 1939-2514 Oppens Hermine, R 1941-138 Oppens Franz, Abl. 1998-1 J11-35, Oppens, Heinz, Abl. 1998-1 J11-36, Oppens, Heinz;

StaH 314-15 OFP, Str. 620;

StaH 331-5 Polizeibehörde-Unnatürliche Sterbefälle, 3 Akte 1939-888;

StaH 332-3 Zivilstandsaufsicht, A 5 Nr. 449, A 113 Nr. 4036;

StaH 332-4, IV D 10, Austritt aus einer staatlich anerkannten Religionsgemeinschaft;

StaH 332-5 Standesämter, 1869 u. 957 / 1876, 2039 u. 407 / 1883, 6812 u. 407 / 1895, 6407 u. 672 / 1896, 6860 u. 5 / 1905, 5346 u. 555/ 1922, 1020 u. 576 / 1934, 9896

u. 763/1938;

StaH 332-7 Staatsangehörigkeitsaufsicht, AIf Bd.105 Nr.1388, AIf Bd.216 Nr. RI 981, BIa 1854 Nr.1388 Julius Oppenheim, BIa 1857 Nr.169 Martin Oppenheim;

StaH 332-8 Meldewesen A24 Bd. 200 Nr.19886, A24 Bd. 268 Nr. 11016, A24 Bd. 287 Nr.15108, A24 Bd. 319 Nr.1364, A24 Bd. 319 Nr.1363;

StaH 351-11 Amt für Wiedergutmachung, Abl. 2008-1 EG 070376 Oppens Franz, Abl. 2008-1 160512 Hess, Gisela, 5549 Heineberg, Arnold, 7259 Heineberg, Otto, 27975 Oppens, Edith, 44784 Heymann, Maria; Amt für Wiedergutmachung, 070410 Kurt Oppens, 170388 Bruno Loeser;

StaH 352-5 Gesundheitsbehörde-Todesbescheinigungen, 1895, Sta 21, Nr. 407, 1905 Sta 21 Nr. 5, 1934 Sta 1a Nr. 576, 1938 Sta 3a Nr. 763;

StaH 362-2/1, F 4, F 14; StaH 522-1 Jüdische Gemeinden 702a-702e, Nr. 47, 1857, Nr. 25, 1863, 382 Austrittserkärungen; StaH 741-2, 1 Oppenheim;

StaH 741-4 Fotoarchiv, K 2510, K 7461, K 6691;

Hamburger Adressbücher 1862-1943; Landesarchiv Berlin, P Rep.160, 465; LAB, P Rep. 161, 9; LAB, P Rep. 161, 275; LAB, P Rep 809;

Archiv Kirchengemeinde St.Georg-Borgfelde, Taufbücher der Heiligen Dreieinigkeitskirche, St. Georg, Nr. 968/1891 Franz Johann Oppenheim, Nr. 969/1891 Paul Sigmund Oppenheim;

Adressbuch Minden 1857 http://wiki-de.genealogy.net/w/index.php?title=Datei:Minden-AB-1857.djvu&page=26, eingesehen 11.01.2014;

Auskünfte: Marion Berg und Viola Schulz, Landesarchiv Berlin;

Auskünfte Dr. Dagmar Bickelmann, Landesarchiv Schleswig-Holstein;

Auskünfte Margret Dick, Deutsche Nationalbibliothek, Deutsches Exilarchiv 1933 – 1945;
Auskünfte Petra Hesse, Universitätsarchiv Leipzig;
Auskünfte Carmen Kobbert, Standesamt Charlottenburg-Wilmersdorf von Berlin;
Auskünfte Karin Krug, Stadtarchiv Dresden;
Auskünfte Frau Lehnert, Deutschen Dienststelle WASt;
Auskünfte Gudrun Pahl, Lange Uhren GmbH, Glashütte; Auskünfte Karin Paulat, Standesamt I Berlin;
Auskünfte Dr. Andreas Heusler, Brigitte Schmidt, Stadtarchiv München;
Auskünfte Dr. Claudius Stein, Archiv der Ludwig-Maximilians-Universität München;
Auskünfte Sandra Weiland, Landeshauptstadt München, Referat für Gesundheit und Umwelt, Städt. Friedhöfe München;
Auskünfte Nicolai M. Zimmermann, Bundesarchiv Berlin-Lichterfelde;
http://www.illustrierte-presse.de/en/the-magazines/werkansicht/cache.off?id=7171&tx_dlf%5Bid%5D=71897&tx_dlf%5Bpage%5D=120, eingesehen 11.01.2014.Der Querschnitt, Bd.2.1922 Jahresband, S. 75 Rudolf Levy, Mein lieber Artaval, S.97-98;
Fritz Westendorp, Zeichnung „Bildnis Artaval" S.99, Querschnitt, Bd.2.1922 Weihnachtsheft, Jules Pascin „Artaval", Rudolf Großmann, Zeichnung „Artaval kehrte in den Dôme zurück", Bd.4, 1924,H.1 S.81;
Stolpersteine in Hamburg-Isestraße, Christa Fladhammer, S.87/88 Bruno Loeser;
Stolpersteine in Hamburg-Winterhude, Björn Eggert, S.189 Hugo Wolfers und Olga, geb Oppenheimer, Heinz Wolfers;
Ausstellung Museum für Kunst und Gewerbe Juni 2012, Haspa, Köpfe der Zwanziger Jahre, Friedrich

Ahlers-Hestermann, Ölgemälde 1919 „Artaval";

Christine Behrens, Ohlsdorf - Zeitschrift für Trauerkultur, Ohlsdorfer Porträts, Mai 2010, Nr. 109, II.

Jutta Braden, Juden im hamburgischen Notariat 1782-1967, 2010;

Heiko Morisse, Ausgrenzung und Verfolgung der Hamburger jüdischen Juristen im Nationalsozialismus, Band II Beamtete Juristen, Göttingen 2013;

Vielen Dank dem Zeitzeugen Hans-Peter Islar für Telefongespräche im Juli 2010;

Vielen Dank der Zeitzeugin Dr. Helga Oehlrich für Gespräche und Photos im März 2015.

http://www.stolpersteine-hamburg.de

Bild Stolpersteine auf S. 108 von Birgit Wiedenmann-Naujoks

Von der Biographiegruppe erschien im März 2015:

ISBN: 978-3-7347-7264-1

Auch als E-Book erhältlich: EAN **9783738698305**

Von der Biographiegruppe erschien im November 2016:

ISBN: 978-3-7412-7693-4

Auch als E-Book erhältlich: EAN 9783743130036